Regina Bestle-Körfer
Annemarie Stollenwerk

Winter zaubert alles weiß

Mit Kindern die Jahreszeiten erleben

CHRISTOPHORUS

Inhalt

Sterne, Himmelsbilder und Kometen 18
Der Nachthimmel im Winter

Sterne, die vom Himmel fallen 20
Sternschnuppen in der Winternacht

Geisterjagd und Feuerwerk 22
Glückverheißende Silvesterbräuche

1 Zur Einstimmung 4
Winter – Zeit zum Ruhen

2 Dem Winter entgegen 6
Vom Ruhen und Leisesein

Kuschelwarme Winterhöhlen 8
Geborgener Schlaf

Von grauen Tagen 10
Wenn alles trüb und traurig scheint

4 Element Erde 24
Brachzeit

3 Element Feuer 12
Wie das Feuer auf die Erde kam

Stumme Riesen 26
Bäume im Winter

Kerzenzauber 14
Stimmungsvolle Flammen

Das Holz der Bäume 28
Ein lebendiger Rohstoff

Wärmendes Feuer 16
Gemeinschaft erfahren

Von Nadeln und Zapfen 30
Materialien aus dem Winterwald

Es grünt nicht nur zur Sommerszeit 32
Brauchtum um grüne Zweige

Blühendes im Winter 34
Pflanzenpracht in rauer Zeit

Äpfel, Nuss und Mandelkern 38
Gesunde Naschereien

Gebackene gute Wünsche 40
Gebildbrote zu Winterfeiertagen

5 Element Luft 42
Klirrend kalt

In Wolle dick vermummt 44
Wärmende Hüllen

Die Farben des Winterhimmels 46
Reif und Tau machen den Himmel blau

Vögel im Winter 48
Gefiederte Gäste am Futterplatz

Engel, die unsichtbaren Begleiter 50
Wundervolle Wesen

Wünsche und schöne Überraschungen 54
Wer Gaben und Geschenke bringt

Leise Glockenklänge 56
Wohltönendes Erz

Zeit der Gerüche 58
Honigkerzen und Zitrusduft

6 Element Wasser 60
Winterliche Eiszeit

Es schneit! 64
Eine Decke für die Erde

Weiße Spielereien 66
Bastelideen für drinnen

Spuren im Schnee 68
Erkundungen in der Winterwelt

Von kalten Gestalten 70
Schneemanngeschichten

1 Zur Einstimmung

Winter - Zeit zum Ruhen

Der Winter beginnt

Um den 22. Dezember, wenn die Sonne in das Sternbild des Steinbocks eintritt, ist Wintersonnenwende. Kalendarisch beginnt jetzt der Winter. Die Sonne hat ihren tiefsten Punkt überschritten, und noch unbemerkt nimmt das Tageslicht langsam wieder zu. Die Erde und alles, was auf ihr lebt, hat sich ins Verborgene zurückgezogen. Pflanzen und Bäume speichern ihre Lebenssäfte in Wurzeln und Knollen, sie ruhen im Dunkel der Erde. Tiere haben für Wintervorrat gesorgt, ihr Winterfell angelegt, einige halten Winterschlaf. Die Natur ruht und sammelt Kräfte für neues Wachstum. Uns Menschen zieht es nach drinnen in die Wärme und Geborgenheit unserer Wohnungen.

Licht und Wärme schwinden

Seitdem die Menschen das Element Feuer in Form von offenen Kaminen, Öfen und Zentralheizungen mit ins Haus genommen haben, können wir dem Winter gelassen entgegensehen. Wir sind im Schutz unserer Häuser den winterlichen Elementen in ihrer Rauheit und Härte nicht mehr ausgeliefert. Doch trotz häuslicher Wärme und Behaglichkeit bekommen wir den Winter zu spüren, weil wir uns auf das fehlende Sonnenlicht und die vorherrschende Dunkelheit einstellen müssen. Die Tage im Winter sind halb so lang wie im Sommer. Der Körper stellt sich auf die fehlende Sonne mit der Bildung eines müde machenden Hormons, dem Melatonin, ein. Es ist für die Müdigkeit und Trägheit verantwortlich, die wir im Winter häufig spüren.

Helligkeit schenkt Hoffnung

Zu Winterbeginn, in der dunkelsten Nacht des Jahres, feiern die Menschen seit Jahrhunderten ein Lichterfest, das ihre Hoffnung auf das wiederkehrende Sonnenlicht zum Ausdruck bringt. Jedes Jahr aufs Neue zünden wir in der dunklen Jahreszeit Kerzen an, stellen Lichter in unsere Fenster, die die Dunkelheit draußen vertreiben sollen, und wir schmücken einen Weihnachtsbaum, der unsere Häuser in hellem Licht erstrahlen lässt.
Auch wenn wir scheinbar alles haben und alle Wün-

sche erfüllbar sind, schlummert in uns eine verborgene Sehnsucht nach Lebendigkeit, Fülle und Licht. Jedes Jahr zu Weihnachten erfüllen wir uns diese Sehnsucht mit festlichem Glanz und allerhand Genüssen, die uns die Erde geschenkt hat, um unser Leben mit allen Sinnen zu spüren.

Zeit für Fantasie und Träume

Die dunkle Jahreszeit lädt ein zum Träumen, zum Geschichtenerzählen und Liedersingen, was unsere Fantasien beflügelt und unsere Herzen öffnet für ein Leben hinter allem materiellen Schein. Kinder finden in den Weihnachtsgeschichten, die vom Christkind, von Engeln und anderen wundersamen Gestalten erzählen, ihr Traumland wieder, das so bunt wie ihre Kinderseelen ist. Sie haben Freude am Unerklärlichen, Unsinnigen und Übersinnlichen, das sich von der Realität abhebt. In Traum- und Fantasiegeschichten befriedigen sie ihre Neugier und Lust auf das Leben. Geschichten, die bei Kerzenschein gelesen werden, im geborgenen Kreis der Familie, eingehüllt in Mandarinen-, Plätzchen- und Bratapfelduft, machen die Weihnachtszeit für Kinder unvergesslich. Gefühl, Geruch, Geborgenheit und Gemütlichkeit sind eins und werden in lebenslangen Erinnerungen gespeichert, um daraus Kraft und Vertrauen in wichtige Fragen nach dem Sinn des eigenen Lebens zu schöpfen.

Weiße Winterwelt

Wahre Winterfreuden, außerhalb der Geborgenheit des Hauses, beschert uns das Element Wasser, wenn es in Form von Schnee und Frost die Landschaft vor unseren Augen in eine strahlend weiße Winterwelt verzaubert. Warm eingepackt treten wir ins klirrend kalte Weiß hinaus, atmen frische, klare Luft und

genießen den Winter, der sich von dieser zauberhaften Seite leider viel zu selten zeigt. Kinder tauchen besonders gerne ein in die Welt voller Schnee, um bei Schlittenfahrten und Schneeballschlachten winterliche Bewegungsabenteuer zu erleben. Die weiße Pracht beflügelt auch die Maler und Dichter zu frostig schönen Bildern und Gedichten, in denen Seele und Geist Erholung finden. Schnee und Eis auf unseren Straßen bedeuten aber auch eine Einschränkung unserer gewohnten Mobilität, wenn wir alltägliche Verpflichtungen und Termine einhalten wollen. Auf Eis und Schnee lässt sich nicht schnell laufen und gehen und schon gar nicht schnell fahren. Können wir uns in unserer schnelllebigen Zeit den Winter überhaupt leisten? Einen Winter, der zu Langsamkeit zwingt, zu Rückzug, Stille und Besinnlichkeit einlädt?

Wir wollen Sie in diesem Buch einladen den Winter zu erleben, so wie er sich zeigt: frostig, karg, müde und verschlafen, geheimnisvoll und voller Überraschungen, denn Winter zaubert alles weiß!

2 Dem Winter entgegen

Vom Ruhen und Leisesein

Im Winter liegt der Acker brach, die Erde ruht. Die Wolken hängen tief und es will nicht richtig hell werden. Die Sonne strahlt jetzt auf der anderen Erdhalbkugel sommerlich warm. Bei uns schwinden Wärme und Lichtintensität spürbar. Für alle Lebewesen bedeutet dies Rückzug und Suche nach Schutz vor den rauen Kräften eines langen Winters. Blumen kriechen in die Erde zurück. Tiere suchen warme Winterhöhlen zum Schlafen und Ruhen auf. Die Menschen zieht es nach drinnen, sie suchen die Wärme des beheizten Hauses. Wir machen es uns bei Kerzenschein gemütlich und feiern besinnliche Feste. Zeit zum Winterschlafen, zum Ruhen, zum Stillwerden und Leisesein.

Ein Flüstersatz

Wir spielen in gemütlicher Atmosphäre ein Horch- und Flüsterspiel. Zuerst versuchen wir einmal ganz leise zu sein und auf die Geräusche zu lauschen, die wir hören können. Ein Kind beginnt und flüstert: „Wenn ich leise bin, höre ich die Uhr ticken." Das nächste Kind wiederholt flüsternd den Satz des ersten Kindes und fügt ein eigenes Hörgeräusch hinzu: „Wenn ich leise bin, höre ich die Uhr ticken und das Gluckern in meinem Bauch." Ein drittes Kind flüstert: „Wenn ich leise bin, höre ich die Uhr ticken, das Gluckern in meinem Bauch und ein Flugzeug draußen am Himmel." Was können wir noch alles hören, wenn wir leise sind? Sind wir so leise, dass jedes Kind auch seinen Atem durch die Nase rauschen hört?

> Nebel hängt wie Rauch ums Haus.
> Drängt die Welt nach innen;
> ohne Not geht niemand aus,
> alles fällt ins Sinnen.
>
> Leiser wird die Hand, der Mund,
> stiller die Gebärde.
> Heimlich, wie auf Meeresgrund,
> träumen Mensch und Erde.
>   *Christian Morgenstern*

Stille, stille
Nach einer Volksweise

Stil-le, stil-le, kein Ge-räusch ge-macht!
Da-rum bin ich leis und still, weil ich die Stil-le hö-ren will.
Stil-le, stil-le, kein Ge-räusch ge-macht.

Merkwürdige Geschenke

Dieses Flüsterspiel spielen wir mit mehreren Kindern. Dazu sitzen wir im Kreis, und zwei Kinder, die nebeneinander sitzen, flüstern ihrem Nachbarn zur Linken bzw. zur Rechten eine Botschaft ins Ohr. Beide Flüsterkinder bekommen einen unterschiedlichen Auftrag. Sie dürfen sich aber nicht absprechen. Die Botschaft, die zur rechten Seite wandert, soll ein Weihnachtsgeschenk sein. Die Botschaft auf der anderen Seite beinhaltet, was man mit einem Weihnachtsgeschenk machen kann. Dabei haben beide Kinder eine andere Geschenkidee im Kopf. Die beiden Botschaften wandern jetzt flüsternd im Kreis weiter und treffen sich bei einem Kind, das eine Botschaft in sein rechtes Ohr und eine Botschaft in sein linkes Ohr erhält. Jetzt wird das Flüstergeheimnis gelüftet und das Flüstergeschenk wird ausgepackt. Das Kind hat vielleicht einen Fernseher bekommen, mit dem es sich die Ohren wärmen kann, oder es hat Schlittschuhe bekommen, mit denen man Wäsche bügeln kann.

Stille erleben mit Kindern

Kinder wachsen mit einer Vielzahl von visuellen und akustischen Reizen auf, die auf sie einstürmen. Dabei lässt die Schnelligkeit und wechselnde Abfolge der Reize den Kindern wenig Zeit zur Verarbeitung der Eindrücke. Stilleangebote können Kindern notwendige Zeit zur Reizbearbeitung schenken und sie helfen ihnen, den eigenen inneren Rhythmus zu finden. Stilleübungen, Sinnesübungen und Zeit für Geschichten sind wohltuend und entspannend. Sie stärken die Kinderseelen, weil Kinder Zeit brauchen, sich selbst zu spüren, in sich hinein zu horchen und eigene Fantasien zu entwickeln.

Kuschelwarme Winterhöhlen

Geborgener Schlaf

Wie Tiere überwintern

Wir Menschen überstehen die kalte, dunkle Zeit des Jahres in gemütlichen, warmen Häusern. Doch was machen eigentlich die Tiere in Wald und Feld bei Kälte, Eis und Schnee? Ein wichtiger Schutz vor Kälte ist ein dichter Pelz, der vor tiefen Temperaturen und kalten Winden schützt. So wächst dem Schneehasen und dem Hermelin ein winterweißes Schutzfell, und auch das Schneehuhn bekommt rechtzeitig ein dichtes Federkleid, das nicht nur wärmt, sondern mit seiner weißen Farbe auch ein guter Schutz ist, denn weiße Tiere vor weißem Schnee sind gut versteckt. Auch Fuchs und Katze wächst ein wärmendes Winterfell, das dichter ist als ihr Sommerpelz.

Vögel, die nicht in den Süden fliegen und bei uns überwintern, müssen die winterlichen Temperaturen aushalten. An besonders kalten Tagen sitzen sie mit aufgeplustertem Gefieder in Sträuchern, ohne sich zu regen. Mit einem wärmenden Feder-Luft-Mantel umgeben, bewegen sie sich so wenig wie möglich, um ihre Kräfte und Reserven zu sparen. Sie suchen auch die Nähe zueinander, um sich gegenseitig zu wärmen.

Insekten und wechselwarme Tiere wie Frösche, Schlangen, Eidechsen und Schnecken überwintern in einem Zustand absoluter Starre. Ihre Körperflüssigkeit enthält ein Gefrierschutzprotein, das sie vor dem Erfrieren schützt.

Manche Tiere halten Winterschlaf. Sie zehren im tiefen Schlaf von ihren Fettreserven, die sie sich im Herbst angefressen haben. Ihr Stoffwechsel verlangsamt sich und die Körpertemperatur sinkt. So überleben Igel, Hamster, Haselmaus und Siebenschläfer eingekuschelt in ihren Winterhöhlen unbeschadet den langen Winter.

Zusammenrollen, kuscheln und verkriechen

Wir erproben verschiedene Möglichkeiten, uns zu wärmen, und machen es den Tieren nach:

⭐ Wir rollen uns auf dem Boden zusammen wie eine Kugel, entweder mit hochgestrecktem rundem Rücken oder auf der Seite liegend wie eine Haselmaus oder ein Siebenschläfer im Winterschlaf.

⭐ Wir kuscheln unser Gesicht in den gebeugten Arm, spüren den Atem, der unser Gesicht wärmt, wie der Fuchs, der sich zusammenrollt und seine Schnauze in seinem buschigen Schwanz vergräbt, um sie zu wärmen.

⭐ Wir rücken möglichst nah zusammen wie die Vögel und spüren, wie die Körperwärme des anderen uns wärmt. Wer hat es in der Gruppe am wärmsten? Wie viele Kinder passen eng aneinander gekuschelt auf eine Decke?

 Wir wickeln uns in Wolldecken oder in Daunendecken und sind so vor Kälte geschützt wie die Tiere, die einen Pelz oder ein wärmendes Federkleid tragen.

 Wir bauen kuschelige Winterhöhlen und machen es uns dort gemütlich, genau so wie die Tiere, die in Erdhöhlen und anderen Winterbehausungen Schutz vor der Winterkälte suchen.

Wer hält Winterschlaf?

Eichhörnchen überwintern in ihrem selbst gebauten Kobel. Sie halten Winterruhe und schlafen dort immer so lange, bis der Hunger sie zu den Futterverstecken treibt, in denen sie ihre Wintervorräte gesammelt haben.

In die Mitte eines Stuhlkreises bauen wir einen Kobel aus Kissen und Decken, in das sich ein Kind legen und verstecken kann. Ein Kind geht kurz vor die Tür und wartet, bis sich ein anderes Kind in den Kobel zum Winterschlaf eingekuschelt hat.
Die übrigen Kinder singen auf die Melodie von „Schneeflöckchen Weißröckchen" folgenden Vers:
Nun schlaf schön im Kobel,
wir decken dich zu,
schöne Träume wir wünschen,
für die Winterruh.

Die Kinder im Kreis tauschen schnell ihre Plätze und das vor der Tür wartende Kind wird hereingerufen. Es hat die Aufgabe zu erraten, welches Kind im Kobel Winterschlaf hält. Es darf sich zum Kobel hinabbeugen und mit den Händen vorsichtig unter der Decke tasten, wer das schlafende Eichhörnchen ist. Es kann sich aber auch im Kreis umschauen und erraten, welches Kind fehlt.

Was träumt die Maus in ihrem Nest?

Ich kenne eine kleine Maus.
Die träumt in ihrem Winternest,
in jedem Jahr von einem Fest.
Glockenklang hört sie von fern,
sie hat den Wintertraum so gern.
Sie schnuppert zuckersüße Düfte,
die wehen durch die Winterlüfte.
Ein Hauch von Nelken, Zitrus, Zimt,
die riecht die Maus im Traum bestimmt.
Sie träumt, sie wäre aufgewacht,
schleicht in die Küche mit Bedacht
und könnt von Plätzchen und vom Kuchen
ein winzig Krümelchen versuchen.

Regina Bestle-Körfer

Von grauen Tagen
Wenn alles *trüb* und *traurig* scheint

Farben und Stimmungen

Im Winter gibt es viele Tage, an denen die Welt hinter grauen Schleiern verschwindet und auch unsere Stimmung grau werden lässt. Vielen von uns fällt es dann schwer, gute Laune zu haben und fröhlich zu sein. Graue Tage warten auf uns, wenn die Sonne es nicht schafft, den Hochnebel zu durchdringen, oder wenn den ganzen Tag Regen aus dicken Wolken fällt. Das Grau eines Wintertages kommt uns noch grauer vor, weil es morgens später hell und am Nachmittag schon früh wieder dunkel wird. Auch wenn wir graue Tage nicht mögen, sind sie dennoch wichtig, um uns für die anderen Farben des Winters sensibel zu machen. Denn auch graue Tage gehen vorüber und machen Platz für die vielen anderen Farben, mit denen der Winter auf uns wartet.

Himmel-Beobachtungs-Station

Eine Fensterscheibe kleben wir mit schwarzem Tonpapier bis auf einen kleinen, etwa DIN A5 großen Ausschnitt, zu. Das ist unser Fenster zum Himmel, durch das wir am Morgen oder immer, wenn wir tagsüber daran denken, den Winterhimmel anschauen können. Ist es ein grauer, trüber Tag? Ändert sich die Farbe des Himmels im Laufe des Tages? Wir malen für jeden Tag Himmelsfarbenkarten, die wir auf einen Bogen Tonpapier neben das Fenster hängen können.

Grauer Spaziergang

Draußen, im Grau eines ungemütlichen Wintertages, suchen wir nach einem Farbtupfer, der uns entgegenleuchtet und fröhlich stimmt, z. B. ein besonders geschmücktes Fenster, das bunte Gefieder eines Vogels, eine leuchtend rote Hagebutte am Strauch oder eine Winterblüte.

Vor meinem Fenster sitzen graue Gespenster.
Sie mögen kein Rot, sie mögen kein Blau,
sie haben am liebsten ein matschiges Grau.

Im Nebel der frühen Morgenstunden
sind draußen alle Farben verschwunden.
Wohin ich auch schau:
nur grau, grau, grau.

Ich fang an zu suchen
bei den Tannen, den Buchen,
in den Sträuchern und Hecken,
ob sie sich da verstecken?

Da seh ich was leuchten im düsteren Grau,
geh vorsichtig näher und schaue genau:
Ein kleiner Vogel mit rotem Gefieder
hüpft in den Zweigen auf und nieder!

Sein fröhliches Rot zaubert Leben ins Grau,
wird der Himmel vielleicht schon ein wenig blau?
Noch sitzen Gespenster in allen Ecken,
doch schon bald wird die Sonne die Farben
aufwecken! *Annemarie Stollenwerk*

Das Grau und die Krähe – eine Mitmachgeschichte

Die Kinder hören die Geschichte und gestalten sie mit Hilfe eines großen Schwungtuchs, verschiedenfarbiger Tücher, einer großen schwarzen Feder und weißer Wattebäusche aktiv mit.

Auf einem winterkahlen Baum saß eine pechschwarze Krähe. Traurig schaute sie ins Grau. Seit Tagen lag ein grauer Schleier über den Häusern, den Feldern und dem Wald. Nichts Buntes oder Fröhliches war zu sehen, nur Grau. (Ein graues Schwungtuch oder Bettlaken leise auf und ab schwingen, manchmal für kurze Zeit über den Boden breiten.)
Die Krähe breitete ihre Flügel aus und flog los. Irgendwo muss das Grau doch zu Ende sein, dachte sie. Und sie flog bis zum See, dann zurück über die Stadt, am Waldrand entlang und landete wieder auf ihrem Baum. (Tuch auf und ab schwingen; eine große schwarze Feder oder eine aus schwarzem Tonpapier geschnittene Vogelsilhouette wird auf das Tuch gelegt.)
Auf einem Ast blieb sie müde und mutlos sitzen. Sie plusterte ihr Gefieder auf, denn es war kalt geworden. Plötzlich, wie von Zauberhand, begannen leise und still zarte weiße Flocken vom Himmel zu fallen. Erst nur wenige, doch dann immer mehr. (Weiße Daunenfedern oder Wattebäusche auf dem Tuch tanzen lassen.) Das Grau wurde zugedeckt von federleichtem Weiß. (Zu den Schneeflocken kleine weiße Seidentücher legen, die auf und ab schweben, das Tuch dann über den Boden breiten.)
Die Krähe freute sich am Tanz der weißen Flocken. Mit der weißen Schneedecke war die Welt deutlich heller geworden. Nach einiger Zeit hörte es auf zu schneien. Vorsichtig setzte die Krähe ihre Füße in den Schnee und hüpfte munter hin und her. (Mit der Feder oder der Silhouette fröhlich umherwirbeln.)
Am nächsten Morgen lag noch immer Schnee. Doch gleichzeitig schien die Sonne und ließ den Schnee funkeln und leuchten. In tiefem Blau strahlte der Winterhimmel. Fröhlich krächzend genoss die Krähe die farbige Pracht. Die grauen Schleier der vergangenen Tage hatte sie schon längst vergessen. (Weiße Seidentücher, ein leuchtend gelbes Tuch, viele blaue Tücher, Vogelsilhouette oder Feder auf dem großen Tuch schwingen.)

3 Element Feuer

Wie das Feuer auf die Erde kam

Überall auf der Welt existieren Mythen und Geschichten, die davon erzählen, wie das Feuer auf die Erde kam. Bei den Griechen z. B. bestrafte der Göttervater Zeus den Menschenfreund Prometheus, weil er am Himmel das Feuer gestohlen hatte, um es zu den Menschen zu bringen. Schon unsere Vorfahren verehrten das Feuer wie eine Gottheit. Feuer und Flammen gehören seit frühesten Zeiten zu Bräuchen, Ritualen und Zeremonien, die auch im kirchlichen Rahmen einen festen Platz gefunden haben. Der Gebrauch des Feuers ermöglichte den Menschen in einem langen Entwicklungsprozess die Beherrschung und Veränderung ihres alltäglichen Lebens: Sie nutzten das Feuer als Licht- und Wärmequelle, Nahrungsmittel konnten nun gekocht und gebacken werden, mit Hilfe des Feuers ließen sich Metall, Ton und Stein zu Gerätschaften und Werkzeugen verändern.

Als die Menschen sesshaft wurden, nahmen sie das Feuer mit in ihre Häuser. Der Herd wurde zum Zentrum des Hauses; das Bedürfnis nach Wärme, Essen, Gemeinschaft und Geborgenheit versammelte die Menschen über lange Zeit um das flackernde Feuer im Ofen. Trotz moderner Heizmöglichkeiten in unseren Wohnungen zieht uns das Feuer immer noch in seinen Bann; gerade im Winter genießen wir es, vor dem offenen Kamin den lodernden Flammen zuzuschauen und die wohlige Wärme des Feuers zu spüren.

So kam das Feuer auf die Erde

Nach einem indianischen Märchen hatte der Donnergott mit einem Blitz einen Baum in Brand gesetzt, der mitten im Meer auf einer kleinen Insel stand. Die Tiere, denen es trotz ihrer Federn und Felle nicht richtig warm werden wollte, beratschlagten, wie sie in den Besitz des wärmenden Feuers kommen könnten. Nacheinander machten sich drei von ihnen auf den Weg, um das Feuer und mit ihm die Wärme von der Insel aufs Festland zu bringen. Zunächst flog der Rabe los, um das Feuer zu holen, doch er verbrannte sich und kam angsterfüllt zurück. Seither ist der Rabe schwarz. Dann machte sich die Schlange auf den Weg. Sie schwamm durchs Meer, kroch auf die Insel und schlüpfte in den brennenden Baum, um ein wenig Glut zu holen. Doch der Baum war voller Qualm und schnell kroch die Schlange wieder heraus und kam ohne das wärmende Feuer aufs Festland zurück. Nachdem diese wagemutigen

Tiere versagt hatten, war die Verzweiflung groß. Schließlich bat die kleine Wasserspinne darum, ihr Glück versuchen zu dürfen. Aus ihrem Spinnenfaden webte sie eine kleine Schale und setzte sie auf ihren Rücken. Dann lief sie behände übers Wasser zu der Insel, holte ein winziges Stück Glut vom brennenden Baum und brachte es auf dem Rücken zum Festland. Seither gibt es auf dem Festland Feuer, und wer die kleine Wasserspinne genau anschaut, der kann auf ihrem Rücken noch immer die Schale entdecken, in der sie das wärmende Feuer brachte.

Improvisiertes Märchenspiel

Das Indianermärchen lässt sich mit einfachen Mitteln in ein kleines Mitmach-Theater umsetzen. Die Rollen werden verteilt: verschiedene Tiere mit Federn und Fell, der Donnergott, ein Rabe, eine Schlange, die Wasserspinne. Für die einzelnen Mitspieler basteln wir aus Papier kleine Requisiten, z. B. einen Blitz für den Donnergott, einen Schnabel für den Raben, eine lange Zunge für die Schlange, eine kleine Schale für die Wasserspinne. Die Insel kann mit einem Tuch, das auf dem Boden ausgebreitet liegt, angedeutet werden, das Wasser mit vielen blauen Papierschnipseln oder blauen Tüchern und der Baum mit dem lodernden Feuer kann auf Papier gemalt werden. Die Geschichte wird vorgelesen oder erzählt und die Kinder spielen dazu.

Schwedenofen errichten

An einem kalten Wintertag im Freien ein knisterndes, wärmendes Feuer zu entzünden, ist etwas ganz Besonderes. Waldarbeiter in Schweden nutzen diese einfache Form des Ofens, um sich zu wärmen, wenn sie im Holz arbeiten: Einen Baumstumpf oder einen stabilen Baumabschnitt kerben wir ca. 3 bis 5 cm tief kreuzweise ein. An einem windgeschützten Ort legen wir trockene Zweige auf unseren Schwedenofen und entzünden sie. Durch die Kerben im Holz erhält das Feuer immer ausreichend Sauerstoff und kann so gut brennen. Zum Löschen des Feuers stellen wir einen Eimer mit Wasser bereit.

Zauberkünstler Feuer

Sehr schnell haben die Menschen herausgefunden, dass sich durch das Feuer, durch seine Hitze und seine Kraft Materialien verändern. Alles, was mit dem Feuer in Berührung kommt, wird heiß. Mit Topflappen schützen wir unsere Hände, wenn wir heiß gewordene Dinge anfassen:

- Wasser erhitzen: Über unseren Schwedenofen hängen wir einen Topf mit kaltem Wasser und beobachten, wie lange es dauert, bis das Wasser zu blubbern und zu kochen beginnt.
- Wir sammeln Steine und legen sie ins offene Feuer oder in die Glut. Nach einiger Zeit haben die Steine soviel Feuerhitze gespeichert, dass wir sie mit einer Grillzange aus der Glut holen können. Dann legen wir sie in einen Topf oder Becher mit kaltem Wasser. Was passiert? Es wird zischen und dampfen; auch so können wir Wasser heiß machen.
- Gemüse garen: Rohes Gemüse schmeckt anders als gekochtes. Wir schälen Möhren und schneiden sie in dünne Scheiben. Jedes Kind darf ein Möhrenstück probieren. Wie schmeckt es? Anschließend wickeln wir die Möhrenscheiben, die wir mit etwas Butter bestrichen haben, in ein Stück Alufolie und legen sie in die Glut des Feuers. Nach einer Weile schauen wir nach, ob die Möhren gar sind und probieren wieder. Was schmeckt uns besser?

Kerzenzauber
Stimmungsvolle Flammen

Ein Lichtschimmer fürs Gemüt

Winterzeit ist Kerzenzeit. Der warme, einladende Schein brennender Kerzen versöhnt uns mit den dunklen Wintertagen, an denen es erst spät hell wird und das Tageslicht in den frühen Nachmittagsstunden schon wieder schwindet. Kerzen sind kleine Feuer. Feuer leuchtet, wärmt und verwandelt die Atmosphäre. Still, gleichmäßig und strahlend vermittelt es uns ein Gefühl von Ruhe, Geborgenheit und Frieden. Das warme Licht einer einzelnen Kerze, die vier Lichter am Adventskranz oder die funkelnden Lichter am Weihnachtsbaum entwickeln jedes Jahr aufs Neue ihren besonderen Zauber.

Eingewickelte Kerzen

Dünne und dicke Haushaltskerzen können wir auch fantasievoll mit verschiedenfarbigen Schnüren aus Wachs gestalten, die im Bastelgeschäft erhältlich sind. Wir können Schlangenlinien um die Kerze herumlegen, die Kerze wie ein Geschenk einwickeln oder kleine Stücke von den Schnüren abreißen und kreuz und quer auf der Kerze festdrücken.

Ein Licht anzünden

Wir setzen uns gemeinsam an einen Tisch. An jedem Platz steht fest und sicher in einem kleinen Leuchter eine Haushaltskerze. Kinder haben noch wenig Übung mit Streichhölzern und Feuer, deshalb bekommt jedes von ihnen ein paar lange Kaminhölzer, die es entzünden kann.

- Als Erstes versuchen wir, ein Streichholz zu entzünden und damit unser Licht anzustecken. Wenn alle Lichter brennen, blasen wir sie gemeinsam aus und beobachten, wie etwas Qualm aufsteigt und sich auflöst.
- In einer zweiten Runde zünden wir eine Kerze an, dann wird alles Licht im Raum gelöscht. An diesem einen Licht steckt ein Kind seine Kerze an und gibt das Licht vorsichtig an seinen Nachbarn weiter, bis alle Kerzen brennen. Haben wir die Veränderung vom Dunkel zum Licht wahrgenommen? Und spüren wir die Wärme, die von den vielen Kerzen ausgeht?
- Licht kann sich widerspiegeln, auch die Flamme einer kleinen Kerze. Wir setzen uns rund um eine dicke Stumpenkerze. Der übrige Raum ist ganz dunkel. Wir beobachten, dass sich in unseren Augen der Schein der Kerze widerspiegelt; es scheint so, als würde sich das Licht vermehren. Rund um die Kerze verteilen wir kleine Spiegel und verschieden geformte, mit Wasser gefüllte Gläser. Was geschieht mit dem Licht unserer Kerze?

Lichter-Adventskalender

Auf einer breiten Fensterbank oder einem Tisch gestalten wir einen Adventskalender, bei dem das Kerzenlicht im Mittelpunkt steht. Wir tragen 24 Glasflaschen zusammen, die ganz unterschiedlich aussehen können. Auf ihre Öffnung sollte eine normale Haushaltskerze passen. Die Flaschen füllen wir zu einem Drittel mit Sand, kleinen Kieselsteinchen, Glitzersternchen, Sägespänen u. Ä. Für jeden Tag des Advents schneiden wir aus festem Fotokarton in beliebigen Farben einen Stern aus, in der Mitte hat der Stern eine Öffnung, sodass wir ihn über den Flaschenhals stülpen können. Die Sterne werden bemalt, beklebt oder verziert und von 1 bis 24 durchnummeriert. Wenn wir die Sterne auf die Flaschen verteilt haben, stecken wir auf jede Sternenflasche eine Haushaltskerze. Jeden Tag vermehrt sich nun das Licht an unserem Kalender, bis am 24. Dezember ein ganzes Lichtermeer den Raum erhellt.

Honig-Apfelsinen-Lichter

Große Apfelsinen schneiden wir in der Mitte durch und höhlen sie mit einem Küchenmesser und einem Löffel vorsichtig aus. Dann stechen wir aus Bienenwachsplatten (aus dem Bastelladen) mit einem sehr kleinen Ausstecher viele kleine Sternchen, Monde oder Herzchen aus. Damit füllen wir anschließend die ausgehöhlten Apfelsinen und stecken in die Mitte ein Stückchen Docht. Wenn wir die Lichter anzünden, beginnen die kleinen Sternchen zu schmelzen, und warmer Honigduft vermischt mit dem süßen Duft der Orangen zieht durch den Raum. Statt fertige Bienenwachsplatten zu kaufen, können wir auch flüssig gemachte Wachsreste dünn auf ein altes Backblech gießen und mit kleinen Förmchen Wachsmotive ausstechen.

Kerzen rollen

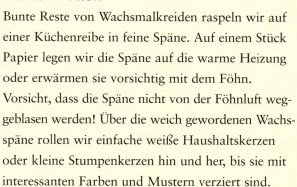

Bunte Reste von Wachsmalkreiden raspeln wir auf einer Küchenreibe in feine Späne. Auf einem Stück Papier legen wir die Späne auf die warme Heizung oder erwärmen sie vorsichtig mit dem Föhn. Vorsicht, dass die Späne nicht von der Föhnluft weggeblasen werden! Über die weich gewordenen Wachsspäne rollen wir einfache weiße Haushaltskerzen oder kleine Stumpenkerzen hin und her, bis sie mit interessanten Farben und Mustern verziert sind.

Auf der Suche nach dem Weihnachtslicht

Überall im Haus verteilen wir kleine, mit Strohseide oder Transparentpapier beklebte Marmeladengläser. In jedem Glas brennt ein Teelicht. Die Gläser müssen sicher stehen und dürfen nicht lange unbeaufsichtigt bleiben. Im ganzen Haus ist es dunkel, das elektrische Licht ist ausgeschaltet. An einem zentralen Ort haben wir auf dem Boden oder auf einem Tisch Tannenzweige, Moos, Rinde und kleine Äste ausgebreitet; hier sollen die im Haus verteilten Weihnachtslichter später leuchten. Während ein Lied gesungen wird, gehen wir durchs Haus und suchen nach Weihnachtslichtern, die wir einsammeln und auf dem vorbereiteten Tisch abstellen. Der zunächst dunkle Raum wird durch die kleinen Lichter immer heller und wir spüren, dass sich mit dem Licht auch Wärme ausbreitet.

Dieses Lichterspiel eignet sich besonders für den Beginn einer Advents- und Weihnachtsfeier oder zur Vorbereitung auf das Entzünden des Weihnachtsbaums am Heiligen Abend.

Wärmendes Feuer

Gemeinschaft erfahren

Lüttenweihnacht

Im alten Volksglauben ist die Heilige Nacht für Mensch und Tier eine besondere Nacht: In dieser Nacht können die Tiere sprechen und die Menschen können die Sprache der Tiere verstehen. In ländlichen Regionen wurden in der Mitternachtsmette Heubündel gesegnet. Am Morgen des ersten Weihnachtstages wurde dieses »Mettenheu« an die Tiere im Stall verfüttert.

Stabpuppenspiel

Mit Stabpuppen spielen wir die folgende Geschichte nach. Dazu schneiden wir die Figuren der Geschichte aus festem Karton und befestigen sie an dünnen Holzlatten oder Stöcken. Als Kulisse dient ein Bild, auf dem der Wohnwagen, Wald und Feld und das Feuer zu sehen sind. Mit den Stabpuppen können wir die Geschichte beim Vorlesen direkt mitspielen oder mit verteilten Rollen und den dazugehörigen Dialogen nachspielen.

Eine besondere Nacht

Am Rande der Stadt wohnt in einem verwitterten Wohnwagen der alte Schäfer Jakob. Mit seiner Frau Martha und dem Schäferhund Charly lebt er schon lange hier. Tag für Tag kümmert er sich um eine große Herde aus wolligen weißen und schwarzen Schafen. Die Tiere kennen ihn und sie vertrauen ihm. Jeden Morgen heben sie ihre Köpfe und blöken ihm freudig zu, wenn er die Tür des Wohnwagens öffnet.

Es ist Weihnachtszeit. Am Heiligen Abend entzündet Jakob wie jedes Jahr draußen ein fröhlich flackerndes Feuer. Die hellen Flammen hüllen die Schafherde und den alten Wohnwagen in ein warmes, goldenes Licht. Es ist sehr kalt geworden. Die Schafe sind dicht zusammengerückt und wärmen sich gegenseitig. Plötzlich werden sie unruhig. Auch Charly zerrt an seiner Leine und bellt laut. „Was ist denn nur los?", denkt Jakob. Da blökt ein schwarzes Schaf: „Ich höre schleichende Schritte!" Jakob lauscht, und erst dann wird ihm klar, dass eines seiner Schafe gesprochen hat. Völlig verwirrt ruft er nach seiner Frau: „Martha, komm schnell. Ich kann die Schafe reden hören!" In eine dicke, warme Jacke gekuschelt klettert Martha aus dem Wohnwagen. „Was erzählst du denn da!", sagt sie. Doch dann hört sie es selbst: Die Schafe sprechen miteinander und sie fürchten sich! Es raschelt im Gebüsch, Schritte kommen näher. Vorsichtig schleicht ein Fuchs mit seinen Jungen auf das Feuer zu, ohne Charly aus den Augen zu lassen, der immer noch laut bellt. „Meine beiden Jungen haben eiskalte Pfoten. Wir frieren schon den ganzen Tag. Können wir uns an

eurem Feuer ein wenig aufwärmen?", bittet er. Jakob und Martha sehen sich erstaunt an. „Sicher könnt ihr euch hier aufwärmen!", sagt Jakob. „Unser Feuer ist hell und wärmt uns alle." Die jungen Füchse kuscheln sich dicht an ihre Mutter. Die wohlige Wärme des Feuers dringt in ihr Fell. Zufrieden schließen sie ihre Augen. Kurze Zeit später werden die Schafe erneut unruhig. Charly wedelt aufgeregt mit dem Schwanz und hält seine feine Nase in die eiskalte Nachtluft. Zwei Hasen hoppeln mit ängstlich zitternden Barthaaren auf das Feuer zu. Als sie den Fuchs sehen, schlagen sie Haken und verkriechen sich unter dem Wohnwagen. Martha geht zu ihnen. „Wollet ihr euch auch ein wenig wärmen?", fragt sie. „Ja", antworten die Hasen, „wir können den Eingang zu unserem Bau nicht mehr finden. Von weitem haben wir das Feuer leuchten sehen und sind hierher gehoppelt, um uns aufzuwärmen. Doch der Fuchs wird uns fressen, wenn wir nur in seine Nähe kommen." „Euch wird nichts geschehen", verspricht Martha. „In dieser Nacht scheint alles anders zu sein als sonst: Wir können miteinander sprechen, wir teilen das Licht und die Wärme des Feuers miteinander; da werden auch Fuchs und Hase sich vertragen." Vorsichtig nähern sich die Hasen dem Feuer, angespannt beobachten sie dabei die anderen Tiere. Doch schon bald lässt sie die wohltuende Wärme ihre Angst vergessen. Es ist spät geworden. Die Tiere und auch Jakob und Martha sind müde geworden. Über ihnen breitet ein funkelnder Sternenhimmel seine leuchtende Decke aus.

Plötzlich ertönt aus dem Dunkel des Waldes ein schauriges Heulen. Alle halten den Atem an und lauschen ins Dunkel. Das unheimliche Geräusch scheint immer näher zu kommen. „Ich glaube, es ist ein Wolf", murmelt Jakob. „Ich weiß nicht, wie nahe er sich herantrauen wird." Sogar Charly drängt sich schutzsuchend zwischen Jakob und Martha. Langsam kommt eine dunkle Gestalt auf das Feuer zu. Mit heiserer Stimme flüstert ein großer, grauer Wolf: „Ich kann kaum noch laufen. Ich habe mir die Pfote am Dornengestrüpp aufgerissen, als ich auf der Suche nach einem warmen Plätzchen für die Nacht war. Ich möchte ganz friedlich bei euch am Feuer liegen, meine Pfote lecken und mich ein wenig ausruhen." „Komm nur", sagen Jakob und Martha, „die Wärme wird dir gut tun. In dieser besonderen Nacht ist unser Feuer ein Ort von Wärme, Frieden und Geborgenheit."
Am nächsten Morgen glüht das Feuer noch. Jakob sieht nach seinen Schafen, die leise blökend beieinander stehen. Der Wolf, die Füchse und die Hasen sind nicht mehr zu sehen. Alles ist so wie immer, nur die Glut des Feuers erinnert an diese besondere Nacht, die Menschen und Tiere einander nähergebracht hat.

Annemarie Stollenwerk

Sterne, Himmelsbilder und Kometen

Der Nachthimmel im Winter

Strahlende Wegweiser

In den klaren, kalten Nächten des Winters können wir den Mond und die funkelnden Sterne besonders schön betrachten. Als unzählig viele kleine Punkte erscheinen uns diese weit entfernten gigantischen Himmelskörper. Im Universum gibt es Milliarden von Sternen. Sie haben die Menschen schon immer fasziniert. Mit ihnen werden sowohl Glück als auch Unglück in Verbindung gebracht: Du bist mein Glücksstern, heißt es, oder: Das steht unter einem schlechten Stern. In der Seefahrt dienen Sterne als Navigationshilfe, als Wegweiser in der unendlichen Weite der Ozeane. Der berühmteste aller Sterne ist wohl der Weihnachtsstern, ein Komet, der den Weisen aus dem Morgenland den Weg nach Bethlehem gewiesen hat.

Sterne beobachten

An einem klaren Winterabend gehen wir nach draußen und betrachten den Sternenhimmel. Wenn wir das Licht der Straßen und Häuser ein wenig hinter uns lassen, breitet sich die Schönheit des Sternenhimmels vor unseren Augen aus. Wir lassen uns Zeit für das Schauen: eine Fülle von leuchtenden Punkten am nächtlichen Himmel! Um uns besser auf einen Punkt konzentrieren zu können, können wir Papprohren als einfache Fernrohre benutzen. Wir suchen nach Sternen, die besonders hell leuchten oder ganz dicht beieinander stehen. Anschließend schauen wir uns in einem Sternenbuch bekannte Sternkonstellationen an. Können wir am Himmel den Abendstern oder den großen Wagen entdecken?

Sternenhimmel zaubern

In einen schwarzen oder dunkelblauen Karton pieksen wir mit einer Nadel viele feine Löcher. Mit Hilfe einer Prickelnadel können wir auch einen Mond oder verschieden große Sterne in den Karton stechen. Mit einer hellen Lampe oder dem Licht eines Diaprojektors beleuchten wir den Karton und zaubern so einen funkelnden Sternenhimmel an die Wand.

Milchstraße

Für die Völker aller Zeiten und aller Kulturen war der Sternenhimmel immer schon ein Bilderbuch, das ihre Geschichten illustrierte. Die Milchstraße, so dachten die Griechen, bestünde ganz aus Milch, die Herkules als Baby beim Trinken an der Brust von Hera, der Königin des Himmels, verschüttet habe. Eine Sternen-Milchstraße fürs Zimmer können wir ganz einfach selbst herstellen. Auf einer abwaschbaren Unterlage breiten wir eine ca. 3 m lange Stoffbahn aus Baumwolle oder Seide aus. Mit verschiedenen kräftigen Blautönen (Wasserfarben oder durch Bügeln fixierbare Seidenmalfarben) bemalen oder betupfen wir den Stoff und lassen dabei die Blautöne ineinander fließen. Sehr schön geht das auch mit Wattebäuschen, die in die Farbe getaucht werden. Nach dem Trocknen muss der Seidenstoff von links gebügelt werden, anschließend können wir viele kleine selbstklebende Leuchtsterne oder kleine Sterne aus Goldfolie auf dem Stoff befestigen und die Zimmerdecke damit schmücken.

Sternenregen

Auf den Boden legen wir ein blaues Schwungtuch oder eine bläulich schimmernde Maler- bzw. Abdeckfolie. Aus Goldfolie stanzen wir mit einem Sternenlocher viele Sterne aus und legen sie auf das Tuch. Gemeinsam fassen wir das Tuch oder die Folie und bewegen es sanft auf und ab, sodass sich die Sterne frei darauf verteilen können. Zum Schluss lassen wir mit einem kräftigen Schwung die Sterne nach oben fliegen und einen Sternenregen auf unsere Köpfe rieseln. Einige Kinder können sich auch auf den Boden unter das Tuch legen und sich vom Sternenregen berieseln lassen.

Dem Stern folgen

So wie die drei Weisen aus dem Morgenland dem leuchtenden Stern gefolgt sind, versuchen auch wir, uns von einem »Sternenlicht« im Dunkeln leiten zu lassen.

* Ein Kind stellt den Stern dar, indem es mit der Taschenlampe im Dunkeln leuchtet, ein anderes folgt allein dem Lichtpunkt des Sternes durch die Dunkelheit, z. B. durch das Zimmer bis zur Tür oder draußen im Dunkeln auf einer zuvor festgelegten Strecke.
* Wir können auch viele Taschenlampensterne leuchten und blinken lassen; diese Sterne müssen dann versuchen, möglichst viele Kinder mit ihrer Taschenlampe anzuleuchten und zu sich zu locken. Wer kann die meisten Kinder zu einem großen Sternbild um sich sammeln?

Sterne bilden

Alle Kinder laufen kreuz und quer durch den Raum oder ein abgestecktes Spielfeld im Freien. Ein Kind bestimmt durch lautes Rufen, wie viele Zacken der Stern haben soll, z. B. sieben. Blitzschnell müssen sich sieben Kinder bei den Händen fassen. Ertönt das Kommando »Milchstraße«, müssen sich alle Mitspieler bei den Händen fassen und eine lange Reihe bilden.

Sterne, die vom Himmel fallen
Sternschnuppen in der Winternacht

Ein Zeichen fürs Wünschen

Es gibt Zeiten, in denen ein wahrer Sternschnuppenregen »vom Himmel auf die Erde fällt«. Sternschnuppen sind Stücke von Himmelskörpern. Sie fallen so schnell vom Himmel, dass sie zu glühen anfangen, wenn sie auf die Lufthülle der Erde auftreffen. Dann sehen wir sie wie einen leuchtenden Strich am Himmel. Bevor sie auf dem Boden ankommen können, sind sie geschmolzen und verschwunden. Viele Menschen glauben, dass ihre unausgesprochenen Wünsche in Erfüllung gehen, wenn sie eine Sternschnuppe vom Himmel fallen sehen.

Blitzesschnell
strahlend und hell
kommt im hohen Bogen
eine Sternschnuppe geflogen!

Und während ich stehe
und zum Himmel sehe,
hab ich mir beim Gefunkel
im nächtlichen Dunkel
einen Wunsch ausgedacht.

Wird er wohl in Erfüllung gehen?

Annemarie Stollenwerk

Eine Himmelsleiter als Adventskalender

Aus zwei großen geraden Stäben als Leiterwangen und 4 bis 5 kleinen Stöcken als Sprossen bauen wir eine Himmelsleiter. Die Verbindungsstellen zwischen Wangen und Sprossen fixieren wir zunächst mit Draht und umwickeln sie dann mit einer schönen Kordel. An der obersten Sprosse befestigen wir eine große, goldene Sternschnuppe mit Schweif, die wir aus Goldfolie ausschneiden. Für jeden Tag des Advents hängen wir nun kleine Päckchen mit einer Überraschung oder einem Gutschein an die Leiter. Jedes abgenommene Päckchen wird durch einen Stern aus Gold- oder Silberfolie ersetzt, auf den wir einen Wunsch schreiben oder malen. Diese Himmelsleiter mit unseren Sternenwünschen kann uns bis zum Weihnachtsfest begleiten.

Sternschnuppenwünsche

Ein kleiner Stoffbeutel aus Samt oder ein kleiner Jutesack wird im Kreis herumgegeben. Jeder Mitspieler hat zuvor einige kleine Sterne aus Goldfolie oder Goldpapier bekommen. Reihum legt nun jedes Kind einen Stern in den Beutel und sagt: Ich wünsche mir … Der nächste Mitspieler muss den ersten Wunsch wiederholen und dann seinen eigenen Wunsch aussprechen. Wie lang wird unsere Sternenwunschkette?

Sternenpost

Aus festem weißen Karton schneiden wir Stücke in Postkartenformat zurecht. Eine Seite der Karte bestreichen wir dünn mit Kleister und legen dann aus einem Stück Kordel eine Sternenform in den Kleister. Mit Schnipseln aus weißem, geknittertem Seidenpapier überkleben wir nun den Kordelstern und die ganze Karte. Nach dem Trocknen betupfen wir die Karte mit goldener Farbe oder verzieren sie mit kleinen Glitzersternchen. Diese Sternenkarte können wir als Weihnachtskarte verschenken oder als Geschenkanhänger benutzen.

Auf Sternensuche in der Natur

Wir entdecken, wo uns die Natur Sterne zeigt. Wir setzen uns im Kreis auf den Boden, vor uns liegt ausgebreitet ein Tuch mit Gewürznelken, Sternanis, Kreuzkümmel, Sternmoos und Mohnkapseln. Auch ein Apfel, der zwischen Fruchtansatz und Stiel quer durchgeschnitten wird, zeigt sein fünfsterniges Grundmuster des Kerngehäuses. Der Reihe nach werden die »Sterne« weitergereicht, wir können sie genau betrachten, daran schnuppern, sie betasten und staunen. Anschließend legen wir auf das Tuch oder auf einen Tisch eine Sternform aus Stöcken und füllen die Fläche mit den »Natursternen« aus. In die Mitte des Sterns können wir noch eine mit Nelken gespickte Mandarine oder Orange legen und den Stern mit Teelichtern zum Leuchten bringen.

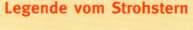

Legende vom Strohstern

Als die Hirten auf den Feldern Bethlehems von der Geburt des Kindes gehört hatten, machten sie sich gleich auf den Weg, um es zu sehen. Auf dem Heimweg überlegten sie, was sie dem Kind bei ihrem nächsten Besuch schenken wollten: frische Schafsmilch, Mehl, Fett und ein warmes Fell. Nur Nathaniel, der kleinste Hirtenjunge, hatte nichts zum Verschenken. Das machte ihn traurig. Als er auf seinem Strohbündel lag, konnte er lange nicht einschlafen. Immer musste er an das Kind im Stall denken. Von draußen leuchtete hell der Weihnachtsstern auf sein Lager und tauchte die einzelnen Strohhalme in sein warmes Licht. Da wusste Nathaniel plötzlich, was er dem Kind schenken konnte: einen Stern aus Stroh! Leise, um die anderen nicht zu wecken, stand er auf. Mit einem Messer schnitt er ein paar Halme zurecht und legte sie zu einem Stern zusammen. Mit einem Wollfaden band er die Halme zusammen. Am nächsten Tag, als die Hirten gemeinsam aufbrachen, trug Nathaniel den kleinen Stern aus Stroh vorsichtig in seinen Händen. Er wartete, bis die anderen ihre Geschenke dem Kind in die Krippe gelegt hatten. Dann trat er zu dem Kind und hielt ihm mit zitternden Händen seinen Strohstern hin. Das Kind hielt den Stern fest und lächelte ihn an. Da wurde auch Nathaniel sehr froh.

nach einer Legende

Strohsterne basteln

Wir umwickeln eine Hand voll Stroh fest mit ganz dünnem Golddraht. Diesen Vorgang wiederholen wir pro Stern 4 bis 6 Mal. Die umwickelten Strohbüschel legen wir zu einer Sternform übereinander und fixieren sie mit einem Wollfaden. Mit solchen Strohsternen schmücken wir Tannenzweige oder den Tannenbaum.

Geisterjagd und Feuerwerk
Glückverheißende Silvesterbräuche

Traditionen zum Jahreswechsel

An Silvester verabschieden sich die Menschen vom alten Jahr und begrüßen das neue mit Feuerwerk und Lichterzauber. Die Silvesterfeier, der Neujahrstag und die vorangegangenen Weihnachtsfeierlichkeiten zum Jahresende stehen in reicher Tradition. Sie gehen zurück auf die zwölf Raunächte, auch Rauchnächte genannt, die sich auf die letzten sechs Tage im alten Jahr und die ersten sechs Tage im neuen Jahr beziehen. Über diese Zeit von Weihnachten bis Dreikönige hat sich bis heute vielerlei Volksglauben erhalten. Mit Lärm, Raketen, Böllern, Glockengeläut, Feuerwerk und Rauch sollen Dämonen, böse Geister und dunkle Mächte am Ende des alten und zu Beginn des neuen Jahres vertrieben werden.

Im Alpenraum kennt man noch heute den Brauch, in den Raunächten Wohnräume, Ställe und Scheunen mit Weihrauch oder mit Rauch von Wacholderzweigen auszuräuchern, um den Einfluss böser Mächte zu verhindern und den Start in ein neues segensreiches Jahr vorzubereiten.

In diesen Raunächten sollten die Menschen ruhen und wenig arbeiten, um neue geistige Kräfte zu sammeln, die Stube sollte aufgeräumt sein und keine Wäsche durfte an der Wäscheleine hängen.

An Silvester wurden traditionell keimende Speisen wie Linsen, Bohnen und Erbsen gekocht, die Glück bringen und Geld und Wohlstand so zahlreich wie die gekochten Erbsen vermehren sollten. Einen guten Rest der Silvesterspeise sollte man bis zum Neujahrstag übrig lassen, als Zeichen für einen immer reich gedeckten Tisch im neuen Jahr. Silvesteressen und Silvesterfeiern finden nicht zufällig im Kreis von Familie und Freunden statt. Man glaubte an die Magie des geschlossenen Kreises, der den bösen Mächten keinen Einlass in seine Mitte verschaffen würde.

Räucherhäuschen

Aus einem Tonklumpen formen die Kinder ein Haus mit Dach. Damit wir das Dach des fertigen Häuschens abnehmen und einen Räucherkegel hineinstellen können, stellen wir zwei getrennte Formen her. Hausunterbau und Dach müssen wir, wenn sie gebrannt werden, aushöhlen, damit sie beim Brennen nicht platzen. In die Wände werden mit einem Stock Fensterlöcher gestochen, und das Dach bekommt einen kleinen Kamin. Aus diesen Öffnungen kann später der Rauch des Räucherkegels dringen. Um unseren Häusern ein winterliches Aussehen zu verleihen, können wir die Dächer nach dem ersten Brand mit weißer Glasur bestreichen und nochmals brennen.

Rauchtöpfe

Um mit Rauch die Geister des alten Jahres zu vertreiben, bauen wir Rauchtöpfe aus alten Konservendosen. Mit einem Dosenöffner werden zunächst die Deckel sauber abgetrennt. Dann können die Kinder mit einem Hammer und einem Nagel rundherum Löcher in ihre Metalldose klopfen. Ganz oben, ca. 2 cm unter dem Rand, werden zwei gegenüberliegende Löcher gestochen, in die wir einen Draht stecken und festklemmen. Die Kinder suchen sich einen Stock mit Astgabel, an den sie ihren Rauchtopf hängen können. Wir bringen unseren Rauchtopf mit einem Räucherkegel zum Qualmen oder wir geben etwas Glut von einem Feuer hinein und darauf ein wenig feuchtes Laub. Nun laufen wir mit unseren qualmenden Rauchtöpfen ums Haus und vertreiben damit garantiert jeden Geist!

Silvesterorakel

Zu jedem Silvesterabend gehören Orakelspiele, die sich mit der Zukunft befassen und in geselliger Runde für Spaß und gute Laune sorgen. Bleigießen ist eines der weit verbreiteten Orakelspiele, das geübten Glücksdeutern Hinweise auf das zukünftige Jahr geben soll.

Pantoffelwerfen

An diesem Orakelspiel finden Kinder sicher nicht nur wegen seiner lustigen Symbolik Freude. Ein Stuhl wird mit der Rückenlehne zur geöffneten Tür aufgestellt. Ein Kind setzt sich auf den Stuhl und hält seinen linken Pantoffel in der Hand. Es wirft diesen Pantoffel über den Kopf hinter sich zur offenen Tür hinaus. Fällt der Schuh so, als ob er zur Tür hineingeht, bedeutet dies Besuch oder neue Freunde im neuen Jahr. Fällt der Schuh mit der Spitze zur Tür hinaus, deutet dies auf eine bevorstehende Reise hin, und fällt der Schuh mit der Sohle nach oben, kann sich das werfende Kind über Glück im neuen Jahr freuen. Wir können auch eine Glückskiste aufstellen, die getroffen werden soll und Glücksbringer für alle Kinder bereit hält.

Sprung ins Glück

Wir stellen uns auf einen Stuhl, und beim zwölften Glockenschlag springen wir mutig ins neue Jahr. Wir versuchen, einen Luftballon, der vor dem Stuhl auf dem Boden liegt, zum Platzen zu bringen. Die Luftballons wurden zuvor mit kleinen Glücksbringern oder mit Konfetti gefüllt. Wenn beim ersten Sprung noch nicht alle Luftballons zum Platzen gebracht wurden, können wir den Sprung ins Glück mit zwölf Glockenschlägen wiederholen, bis alle mit einem lauten Knall das neue Jahr begrüßt haben.

4 Element Erde

Brachzeit

Winterzeit ist Brachzeit. Brache bedeutet gepflügtes, unbebautes Land. Brache bezeichnet aber auch eine Erholungspause für den Boden, eine Phase, in der er neue Kräfte sammeln kann. Im Boden, in der Erde ruhen Samen, Knollen und Zwiebeln. Manche Pflanzen brauchen den Frost, um ihre Wachstumskräfte zu konzentrieren. Deshalb haben wir z. B. Pflanzenzwiebeln von Tulpen, Narzissen und Krokussen schon im Herbst in die Erde gelegt. Pflanzen, Sträucher und Bäume stehen ohne Laub, ohne sichtbare Zeichen ihrer Lebendigkeit. Manche Tiere halten unter der Erde Winterruhe oder Winterschlaf und entziehen sich so dem entbehrungsreichen und unattraktiven Leben der kalten Jahreszeit. Doch in ihrem Innern sammelt die Erde Kräfte, die unseren Augen zunächst verborgen bleiben; sie bereitet in aller Stille die Explosionen des Frühlings vor.

Die Erde ruht

Auch die ruhende Erde lädt zum Betrachten, Schauen und Entdecken ein. Wir gehen nach draußen und schauen uns in Feld, Garten und Wald um.

★ Unter Bäumen heben wir vorsichtig den schützenden Laubteppich hoch und betrachten die Erde. Wie sieht sie aus? Wie fühlt sie sich an? Wonach riecht sie?

★ Auf einem Feld oder im Garten versuchen wir, mit einer kleinen Schaufel in der Erde zu graben. Wenn die Erde schon gefroren ist, wird das schwierig und anstrengend sein. Wir versuchen herauszufinden, wie weit der Frost in den Boden reicht, und graben tiefer.

★ Wir nehmen in einem Eimer gefrorene, harte Erde mit ins Warme und lassen sie dort auftauen. Finden wir etwas Lebendiges im Boden? Können wir Samen oder Insektenpuppen entdecken?

Ein Schlaflied für die Erde

Text: Annemarie Stollenwerk / Melodie: Thomas Pauschert

1. Die Erde schließt die Augen zu, schläft ein und träumt in tiefer Ruh'. Und mit hinein in ihre Träume nimmt sie die Pflanzen, Tiere, Bäume.
2. Wie unter einer braunen Decke ruht der Käfer, ruht die Schnecke, ruhen der Hamster und die Maus, die Erde wird zum Winterhaus.
3. Im Dunkel sicher und geborgen, träumen vom warmen Frühlingsmorgen auch Tulpen, Veilchen und Narzissen, gekuschelt in ein Erdenkissen.
4. Die Erde hat die Augen zu, sie schläft und träumt in tiefer Ruh', verschläft in ihrem braunen Kleid die harte, kalte Winterzeit.

Die Farbe der Erde

Wir malen die schlafende Erde auf große Bögen Packpapier. Finger- oder Temperafarben in verschiedenen Braun-, Grau- und Ockertönen vermischen wir in kleinen Töpfchen mit Sand, Sägemehl, Gips oder Tapetenkleister. Durch die verschiedenen Zusätze erhalten unsere Farben beim Auftragen einen lebendigen Ausdruck. Die Farben lassen sich gut mit den Fingern, einem breiten Pinsel oder einem Spachtel auftragen und verteilen. Während dieses Erdgemälde trocknet, malen wir auf weißes Papier oder kleine Stücke Packpapier Tiere und Pflanzen, die sich in der Erde zur Ruhe begeben haben: z. B. einen Feldhamster im Bau, Eidechsen, die sich tief in den Boden verkriechen, Erdkröten und Grasfrösche, die sich in die Erde gewühlt haben oder unter Wurzeln hocken, Ameisen, die tief im Ameisenbau in Kältestarre fallen oder Knollen und Blumenzwiebeln, die geborgen in der Erde auf den Frühling warten. Wir schneiden die Tiere und Pflanzen aus und kleben sie in das Bild der schlafenden Erde.

Tierpantomime

Wir sitzen im Kreis. In der Mitte liegt eine Decke; sie stellt das Erdenhaus dar, in dem sich die Tiere zur Ruhe legen. Wir denken an ein Tier, das im Winter schläft oder ruht, und versuchen, dieses Tier pantomimisch darzustellen: ein Kind hüpft wie ein Frosch, ein anderes krabbelt wie ein Käfer, trippelt wie eine kleine Maus, kriecht wie ein Regenwurm, buddelt wie ein Maulwurf usw. Am Ende der Pantomime kriecht das Kind jeweils unter die Decke und alle anderen Mitspieler erraten, welches Tier dargestellt wurde.

Stumme Riesen

Bäume im Winter

Zeit zum Kräftesammeln

Für die Bäume bedeutet der Winter Ruhezeit, auch sie halten eine Art Winterschlaf. Stumm ragen ihre Äste in die Höhe. Aller Lebenssaft konzentriert sich in den Wurzeln. Kälte und Schnee schaden den Bäumen nicht; die Feuchtigkeit des Schnees sickert in die Erde und versorgt die Bäume mit einem großen Wasservorrat für trockene Frühjahrs- und Sommerperioden. Laubbäume stehen ganz kahl vor dem Winterhimmel. Gut zu erkennen sind jetzt die Äste und feinen Zweige der Bäume. Jede Baumart unterscheidet sich von der anderen in der Form, wie der Stamm sich teilt und die Äste sich verzweigen, z. B. hängend wie bei der Birke oder Trauerweide, nach oben gerichtet wie bei den Obstbäumen oder der Pappel oder wirr nach allen Seiten wie bei der Eiche. Auch an der Rinde lassen sich die Bäume unterscheiden. Bei jungen Bäumen ist sie noch glatt und dünn. Doch je älter und größer ein Baum wird, umso rissiger und rauer wird seine Rindenhaut.

Ein Suchspaziergang

 Wir gehen in einen Park oder Wald und betrachten die verschiedenen Wuchsformen der Bäume. Gelingt es uns, z. B. eine Birke oder Kastanie von weitem zu erkennen? Können uns die Samen und Früchte, die noch unter den Bäumen liegen, beim Bestimmen helfen?

Auf ein Blatt Papier zeichnen wir mit Bleistift oder Kohle Baumskizzen. Dabei versuchen wir, die Form der Bäume zu erfassen. Sehen sie aus wie ein Dreieck oder eine Kugel, sind sie klein und gedrungen oder lang und schmal?

 Von der Baumrinde nehmen wir mit Knete einen Abdruck oder schauen nach einem abgeplatzten Stück Rinde, das wir mitnehmen können. Wir versuchen, die unterschiedlichen Rindenstrukturen zu unterscheiden und auch mit geschlossenen Augen durch Tasten zu erkennen. Wir erfinden anhand der Rinde lustige Namen für die Bäume, z. B. Schmirgelpapierbaum (Ulme) oder Zebrabaum (Birke).

Fantasiespiel

Vor allem alte und einzeln stehende Bäume sind lebende Denkmäler. Wir suchen uns einen Baum, der besonders geheimnisvoll oder lustig aussieht. Diesen Baum versuchen wir den anderen Mitspielern so zu beschreiben, dass sie ihn erraten können, z. B.: Ich sehe einen Baum, der sieht aus wie ein Gespenst (eine Hängebirke). Oder: Ich sehe einen Baum mit langen Haaren (eine Weide, deren Krone von Efeu zugewuchert ist). Oder: Ich sehe einen Baum, der hat ein Gesicht und viele Augen (eine Buche mit verwachsenen Astansätzen).
Variante: In der Dämmerung gespielt, bekommt dieses Fantasiespiel einen besonderen Reiz, weil dann die Bäume mit ihren verschieden geformten Ästen und Stämmen noch geheimnisvoller aussehen.

Tiere binden

Wir sammeln Baumreisig vom Boden auf, tragen es zusammen und binden mit Draht kleine und große Tiere aus den dürren Zweigen, z. B. ein Eichhörnchen, einen Vogel, einen Hirsch. Die fertigen Tiere können wir draußen stehen lassen – vielleicht als Baumwächter oder Gartenzierde –, oder wir nehmen sie als Raumschmuck ins Haus.

Verwurzelt

Wir betrachten die Wurzeln der Bäume. Manche von ihnen haben sehr ausgeprägte Oberflächenwurzeln, etwa die Buchen, auf denen man sogar herumklettern und spielen kann. Wer findet die größte Wurzel? Wir suchen nach Mulden und Vertiefungen in den Wurzeln; manche von ihnen sind mit Wasser, Schnee, Moos oder Blättern gefüllt. Wir schauen nach Löchern und Höhlen im Wurzelwerk. Wer könnte hier wohnen?

Winterknospen

Die laubwerfenden Bäume und Sträucher schützen ihre Knospen, aus denen im Frühjahr wieder neue Blätter und Blüten sprießen sollen, mit einer ledrigen, braunen Verpackung. Die Knospenhüllen sind aber kein Wintermantel, der die feinen Blatt- und Blütenansätze wärmen soll; die eigentliche Funktion der Hülle besteht darin, den Wasseraustausch mit der Außenwelt zu verhindern. Denn die entwicklungsfähigen Knospen enthalten noch einen Rest Feuchtigkeit, die sie nicht verlieren dürfen. Auf der anderen Seite brauchen sie einen wirksamen Schutz gegen Tau und Schmelzwasser, die nicht in die Knospen eindringen sollen. Um das zu verhindern, sind die Knospen mit einer klebrigen Masse überzogen und oft auch noch mit wasserabweisenden Härchen besetzt.

Das Holz der Bäume
Ein lebendiger Rohstoff

Ein vielseitiges Naturprodukt

Holz ist ein lebendiger Rohstoff, den uns die Bäume liefern. Ein Baum wächst langsam und wird Jahr für Jahr ein wenig dicker. Wie lange das Holz eines Baumes gewachsen ist, lässt sich an den Jahresringen ablesen. Weichhölzer wie Linde, Erle und Pappel eignen sich zum Schnitzen. Hartholz – beispielsweise Eiche, Buche und Ahorn – nutzt man für Parkett, Eisenbahnschwellen und Boote. Laubbäume werden vor allem im Winter gefällt, wenn sich aller Lebenssaft aus dem Stamm in die Wurzeln zurückgezogen hat. Das weiche Nadelholz von Tannen und Fichten nutzt man als Klangholz auch zum Instrumentenbau. Holz begleitet unser alltägliches Leben: Viele Möbelstücke sind aus Holz, aber auch manches Spielzeug.

Draußen finden wir Holz in verschiedenen Formen: als Äste, Stöcke, Baumscheiben, gefällte Stämme und Baumstümpfe. Und trotz moderner Heizmöglichkeiten mit Gas, Öl oder Strom mögen wir es, Holz im Kamin aufzuschichten, anzuzünden und seine behagliche Wärme zu spüren.

Ins Holz gehen

Wir sammeln viele verschiedene Stöcke, Äste und Holzstücke und schauen uns das Holz genauer an. Vielleicht wächst Moos daran oder es haben sich kleine Pilze gebildet, vielleicht ist das Holz nicht mehr fest und hart, sondern morsch und zerfasert, vielleicht finden wir Fraßspuren von Tieren am Holz. Feuchte und gefrorene Stöcke, Äste, Holzscheite oder Baumscheiben nehmen wir mit ins Haus. Wir breiten sie im Warmen auf Zeitungspapier aus und lassen sie trocknen. Wir beobachten, was beim Trocknen passiert: Es bilden sich kleine Risse und Sprünge, die Rinde bricht auf, blättert ab und lässt sich vielleicht abschälen. Mit den getrockneten Ästen und Holzscheiten können wir draußen an einer windgeschützten Stelle ein flackerndes Winterfeuer entzünden.

Holzgeräusche

Manche Holzgeräusche entstehen vielleicht durch Zufall, z. B. wenn der Wind Äste aneinander reibt, andere können wir bewusst erzeugen. Gemeinsam versuchen wir, mit Stöcken oder kleinen Ästen Holzgeräusche zu erzeugen, etwa durch Schaben, Brechen, Knacken, Kratzen, Biegen, Klopfen, Pochen. Wir schlagen mit einem festen Stock auf umgekippte oder abgesägte Baum- und Aststücke. Was können wir hören? Ändern sich die Töne mit der Dicke des Holzes? Wir können auch verschieden lange Holzstücke auf zwei Äste auflegen – so entsteht eine Art Xylophon. Gelingt es uns, eine kleine Melodie zu spielen?

Holzdruck

Auf ein Stück trockenes Holz mit einer schönen Maserung oder Struktur rollen oder pinseln wir Temperafarbe auf. Dann legen wir ein Stück Papier auf das eingefärbte Holz und reiben es mit Hilfe eines Stocks kräftig ab. So erhalten wir individuelle Holzabdrücke.

Holzspäne

In einer großen Kiste mit Holzspänen verstecken wir mehrere kleine Kuscheltiere. Alle Mitspieler setzen sich im Kreis um die Kiste herum. Dann wird ein Kind ausgewählt. Es ist der Förster, der im Winterwald nach dem Rechten sieht. Er muss nun versuchen, möglichst viele der kleinen Kuscheltiere im Holz zu finden. Doch er hat dazu nur Zeit, bis die Sonne untergeht und es dunkel wird. Während der Förster sucht, geben die anderen Mitspieler im Kreis schnell einen Ball oder ein zusammengeknotetes Tuch weiter. Ist der Ball beim letzten Mitspieler im Kreis angekommen, ist der Tag zu Ende und das nächste Kind darf der Förster sein und weitersuchen.

Holz- und Wurzelgeister

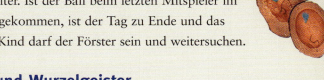

Wir sammeln besonders auffällig geformte Ast- oder Wurzelstücke; manche sehen aus wie Tiere: ein Krokodil, ein Fisch, ein Vogel. Andere sehen vielleicht aus wie Gestalten mit Nasen, Augen, Ohren oder Strubbelhaaren. Mit Filz, Märchenwolle, Beeren, Spänen, Moos, trockenem Gras und eventuell etwas Farbe lassen wir lustige Wesen entstehen,

Holzschmuck

Die Kinder sammeln verschieden dicke Äste und schneiden oder sägen sie mit Hilfe eines Erwachsenen schräg in Scheiben. Von beiden Seiten schmirgeln wir die Astscheibe zuerst mit grobem, dann feinem Schmirgelpapier, bis die Oberfläche sich ganz glatt und weich anfühlt. Mit einem Handbohrer bohren wir vorsichtig ein Loch in jede Astscheibe und ziehen bunte Bänder hindurch – ein natürlicher Schmuck für den Weihnachtsbaum!

mit denen wir kleine Geschichten spielen können oder die wir in einer Ausstellung präsentieren.

Von Nadeln und Zapfen
Naturmaterial aus dem Winterwald

Tannen, Fichten und Kiefern

Nadelbäume sind in Gebieten mit kühlem Klima verbreitet. Sie haben ihren Namen von ihren schmalen, harten Blättern, die spitz zulaufen. Die Nadelbäume in unseren Breiten sind von hohem, schlanken Wuchs; bei fast allen gibt es einen starken, geraden Hauptstamm, von dem regelmäßig Seitenäste abzweigen. Tanne war früher eine umfassende Bezeichnung für die bedeutendsten Nadelbäume im Wald: Tanne, Fichte, Kiefer. Der botanische Name der Nadelbäume lautet ›Coniferae‹, Zapfenträger, denn alle Nadelbäume besitzen zapfenförmige Blüten- und Fruchtstände. Bei Tannenbäumen sitzen die Zapfen aufrecht am Zweig und zerfallen dort, wenn sie reif sind. Was wir als Tannenzapfen bezeichnen, sind meistens Fichten- oder Kiefernzapfen. Fichtenzapfen sind weicher und biegsamer als die der Kiefern und fallen ab, sobald die Samen ausgestreut sind. Wenn Zapfen sich neu entwickeln, sind sie zuerst ganz weich und nur etwa erbsengroß. Nach der Bestäubung wächst der Zapfen und verholzt allmählich; dadurch erhält er seine charakteristische Form und Färbung.

Abdrücke von grünen Zweigen

Wir schauen uns die Nadeln von verschiedenen Bäumen an, z. B. von Kiefer, Tanne, Fichte. Wie sitzen die Nadeln am Zweig? Sind sie samtig glänzend, grau oder stumpf? Wie fühlen sie sich an? Sind sie weich und biegsam zwischen den Fingern, prickelnd oder piekend? Duften sie, wenn wir sie zwischen den Fingern zerreiben? Bleibt Harz an unseren Fingern kleben?
Mit einem Pinsel oder unseren Fingern streichen wir Finger- oder Temperafarbe auf kleine Nadelzweige und drucken sie auf festes Papier oder Briefkarten. Geschmückt mit goldenen Sternchen können wir unsere Abdrücke als Weihnachtskarten verschicken.

Kälteexperiment mit Nadeln und Blättern

Wir nehmen kleine Nadelzweige von verschiedenen Nadelbäumen und legen sie zusammen mit Salatblättern auf ein altes Backblech. Dieses Blech stellen wir an einem frostig kalten Tag nach draußen und beobachten, was mit den Nadeln bzw. den Blättern passiert: Die Kälte lässt die im Salatblatt enthaltene Feuchtigkeit gefrieren, die Blätter erfrieren. Den Nadeln kann der Frost nichts anhaben; Nadeln haben winzige Öffnungen, durch die Feuchtigkeit entweichen kann, außerdem sind sie mit einer feinen Wachsschicht überzogen, die vor Kälte und Frost schützt.

Nadelwald

Wir sammeln draußen Tannen- und Fichtenzweige und lassen sie im Warmen trocknen; nach einiger Zeit lösen sich die Nadeln von den Zweigen. Schon ein einziger Zweig hinterlässt eine ganze Menge pieksender, trockener Nadeln. Auf weißen oder farbigen Fotokarton malen wir mit Kleister verschieden große Tannenbäume auf und bestreuen den noch nassen Kleister mit den Nadeln. Sind die Tannenbäume trocken, schneiden wir sie aus und arrangieren sie an der Wand zu einem Nadelwald. In und zwischen die Bäume kleben wir selbst gestaltete Tiere aus Papier oder bemalten Naturmaterialien, z. B. Vögel aus kleinen Tannenzapfen oder ein Eichhörnchen aus Zapfen und Reisig. Mit weißer Watte können wir dem Nadelwald noch ein winterliches Gewand geben.

Schneekugeln im Nadelkleid

Wenn es draußen geschneit hat, formen wir verschieden große Kugeln aus Schnee und wälzen sie anschließend in einer Schüssel mit Nadeln. Mit den benadelten Schneebällen können wir Schneemannfamilien bauen oder Bäume und Sträucher dekorieren, indem wir die Kugeln einfach auf kleine, stabile Äste stecken.

Zapfensammelsurium

In Parkanlagen oder im Wald gehen wir auf Zapfensuche. Auf einer Decke oder einem alten Bettlaken breiten wir unsere Fundstücke aus. Es gibt ganz kleine und sehr große Zapfen, manche hängen noch – verbunden mit einem Stückchen Ast – aneinander, etwa die Lärchenzapfen, andere sind voller Harz, das an unseren Händen kleben bleibt, wieder andere sind abgebrochen, manche zeigen Fraßspuren von Tieren. Das Eichhörnchen, der Specht und viele andere Vögel knabbern im Winter gerne die Samen, die zwischen den Schuppen des Zapfens verborgen sind. Wenn wir genau hinschauen, entdecken wir, dass sich die einzelnen Schuppen der Zapfen wie eine Spirale um das Innere des Zapfens anordnen. Mit Hilfe eines Bestimmungsbuches versuchen wir, die Zapfen den jeweiligen Bäumen zuzuordnen.

Förster und Holzdiebe

Wir bilden einen großen Kreis. In der Mitte des Kreises steht ein Kind als Förster. Um ihn herum liegen viele Zapfen. Auf ein Zeichen hin versuchen alle anderen als Holzdiebe, dem Förster möglichst viele Zapfen zu stehlen. Der Förster versucht, die Holzdiebe dabei mit einem kleinen weichen Ball abzutreffen. Gelingt ihm das, muss der ertappte Holzdieb alle Zapfen fallen lassen und sich wieder auf die Kreislinie stellen.

Geschmückte Duftzapfen

Wir sammeln große Kiefernzapfen und lassen sie im warmen Raum trocknen, damit sich ihre Schuppen weit öffnen. Zwischen die Schuppen stecken wir kleine Zweige von Buchs, Wacholder, Tanne oder Kiefer, außerdem noch Nelken, Sternanis, kleine Stücke Zimtstange, getrocknete Orangenscheiben etc. Anschließend umwickeln wir den Zapfen vorsichtig mit feinem Golddraht oder goldenem Engelshaar um zu verhindern, dass die Füllung aus den Zapfen herausrutscht.

Es grünt nicht nur zur Sommerszeit
Brauchtum um grüne Zweige

Ein Symbol der Hoffnung

Schon seit Jahrhunderten ist es Brauch, in der Advents- und Weihnachtszeit grüne Zweige ins Haus zu holen. Sie wecken in uns die Hoffnung und Zuversicht, dass nach dem kalten Winter der grünende und blühende Frühling wieder kommen wird und die Sonne ihre Kraft zurückgewinnt. Mit der längsten Nacht des Jahres – vom 21. auf den 22. Dezember – beginnt die Wende vom Dunkel zum Licht; das Anzünden von Feuern in der Dunkelheit und das Aufstellen von immergrünen Bäumen ist Zeichen für diesen Wendepunkt. Im Christentum symbolisieren die grünen Zweige von Adventskranz und Weihnachtsbaum die Hoffnung auf Erlösung.

Adventskranz

Wir legen verschiedene grüne Zweige, Zapfen, kleine Äpfel, Nüsse, Moos und andere Naturmaterialien bereit. Jedes Kind bekommt einen Blumentopf aus Ton, der mit Trockensteckmasse (gibts im Gartencenter) gefüllt ist. Wir schneiden von den grünen Zweigen kleine Stücke zurecht und stecken sie in die Tontöpfe, bis von der Steckmasse nichts mehr zu sehen ist. Das Grün schmücken wir mit den verschiedenen Materialien, aber auch mit rotem Schleifenband, Engelshaar etc. Vier weitere Tontöpfe füllen wir mit Sand oder kleinen Steinchen und stecken dann dicke rote Kerzen hinein. Auf einem Tisch breiten wir ein schönes Tuch aus und arrangieren alle Tontöpfe zu einem großen Adventskranz.

Der Adventskranz

Schon in der Antike galt der Kranz (von lat. corona = Krone) als Zeichen des Sieges. Bei Wettkämpfen und Feldzügen erhielt der Sieger einen Kranz aus grünen Lorbeerblättern. Die Römer feierten am 25. Dezember den Geburtstag ihres Sonnengottes und rollten zu diesem Anlass brennende Sonnenräder den Berg hinab. Für die ersten Christen trat Christus als das Licht der Welt an die Stelle des Sonnengottes, die Kreisform wurde zum Zeichen für Gott: ohne Anfang und Ende, von Anbeginn der Zeit bis in Ewigkeit. Der klassische grüne Adventskranz ist hervorgegangen aus einem Tannenkranz, auf dem für jeden Tag des Advents eine Kerze gesteckt und angezündet wurde, bis am Heiligen Abend alle 24 Lichter leuchteten. Erst als man den Adventskranz nur noch mit vier Kerzen schmückte – für jeden Adventssonntag eine – breitete sich der Brauch über ganz Deutschland aus.

Weihnachtsbaum

Jedes Jahr aufs Neue freuen wir uns am festlichen Glanz des geschmückten Weihnachtsbaumes. Der Brauch entstand vermutlich aus den »Wintermaien«, grünen Zweigen oder Bäumchen, die man von draußen in die Stube holte. Vor ca. 400 Jahren stellten die Bewohner von Straßburg Tannen auf, die mit Papierrosen und roten Äpfeln – Symbol für den Paradiesapfel des Lebensbaumes – geschmückt waren. Auch Oblaten und Gebäck wurden in die Zweige gehängt, sie symbolisierten Fruchtbarkeit. Erst viel später steckte man Lichter an den Weihnachtsbaum, um an Christus, das Licht der Welt, zu erinnern. Der Weihnachtsbaum wurde zum Baum der Hoffnung; das immergrüne Nadelkleid, die zum Himmel weisende Baumspitze bekräftigten die hoffnungsvolle Botschaft der Weihnacht.

Auf eine große weiße Papierbahn oder ein weißes Bettlaken malen wir die Kontur eines Tannenbaumes. Wir stellen grüne Finger- oder Temperafarbe, Borstenpinsel und kleine grüne Tannenzweige bereit. Die Zweige bestreichen wir mit der Farbe und drucken sie in die vorgemalte Kontur. Die Abdrücke füllen bald den ganzen Baum aus, Überschneidungen geben dem Baum ein lebendiges Aussehen.

Anschließend muss die Farbe gut trocknen. In der Zwischenzeit können wir Baumschmuck basteln: Sterne aus Goldpapier und Stroh, Kerzen aus rotem Tonpapier, verzierte Lebkuchenherzen aus braunem Tonpapier etc. Mit kleinen Stücken doppelseitigem Klebeband befestigen wir den Schmuck am gedruckten Baum.

Schmuck für den Weihnachtsbaum

Die Farben am Weihnachtsbaumschmuck haben symbolische Bedeutung. Rot und Grün sind Sinnbild für das Leben. Gold steht für das Gold, das die Heiligen Drei Könige dem Jesuskind schenkten, ist aber mit seinem warmen Glanz auch Zeichen für die Sonne. Silberner Schmuck erinnert an den Mond als Symbol des Weiblichen.

 Himmelsleiter: Aus Goldfolie schneiden wir zwei lange, ca. 3 cm breite Streifen. Die Enden legen wir im rechten Winkel übereinander und fixieren sie mit etwas Kleber. Abwechselnd wird nun immer der obere Streifen über den unteren gefaltet. Viele solcher Treppen aneinander geklebt ergeben eine Himmelsleiter, die wir um den Weihnachtsbaum wickeln können.

Paradiesäpfel: Wir pusten kleine Luftballons (Wasserbomben) auf und bestreichen sie mit Kleister. Aus rotem und gelbem Transparentpapier reißen wir Schnipsel und bekleben mit ihnen den Luftballon. Nach zwei bis drei Schichten Papier lassen wir die Äpfel gut trocknen. Dann entfernen wir vorsichtig den kleinen Luftballon aus dem Inneren der Papierschichten und erhalten so einen federleichten Apfel. Die offenen Stellen verschließen wir mit Papier, schmücken den Apfel evtl. mit kleinen Blättern und hängen ihn an einem Faden in den Weihnachtsbaum.

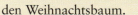

Blühendes im Winter
Pflanzenpracht in rauer Zeit

Die ersten Blüten

Das Wachsen und Blühen von Pflanzen und Blumen können wir während des Winters, mit wenigen Ausnahmen, nur in der Wärme des Hauses beobachten. Wer jedoch mit wachen Augen durch die winterliche Natur geht, findet einige wenige Winterblüher, die bereits im Januar ihre neue Kraft zum Blühen zeigen. Die Sehnsucht nach Grünem und Blühendem ist in der dunklen Zeit des Jahres besonders groß. Barbarazweige, die am 4. Dezember ins Wasser gestellt werden und zu Weihnachten blühen, drücken die Sehnsucht der Menschen nach dem Wiedererwachen der Natur aus.

Wintergeheimniszwiebeln

Um die Hoffnung auf Licht, Blütenduft und Buntheit auch in der dunkelsten Nacht des Jahres zu spüren, werden in der Adventszeit gerne Blumenzwiebeln in einen Topf mit Erde gesteckt. Daraus entwickeln sich innerhalb weniger Wochen Blumenpflanzen, die den Weihnachtsabend mit ihrer Blütenpracht verzaubern. Hyazinthenzwiebeln sind wegen ihres betörenden Duftes sehr beliebt, Amarylliszwiebeln wegen ihrer üppigen, großartigen Blüte. Niemand weiß, welche Blütenfarbe sich in der unscheinbaren braunen Zwiebel verbirgt.

In einem kleinen Korb liegen verschiedene Blumenzwiebeln. Jedes Kind darf sich eine Zwiebel aus dem Korb nehmen, diese in den Händen halten und von allen Seiten betrachten. Jedes Kind beschreibt seine Blumenzwiebel: Ist sie groß oder klein, braun oder weiß? Entdecke ich grüne Spuren an meiner Blumenzwiebel? Wo ist oben und unten? An welcher Stelle wächst wohl das Grün und später die Blüte? Wo werden die Wurzeln sprießen, die Halt in der Erde suchen? Was braucht meine Blumenziebel zum Wachsen und Blühen?

Wir denken uns einen Zauberspruch aus, der unsere braune, unscheinbare Wintergeheimniszwiebel aus dem Winterschlaf weckt, damit sie zum Weihnachtsfest blüht: Hirbel, Zwirbel

Zwiebelschatz, in deinem braunen Erdenplatz soll's platzen und wachsen! Hokuspokus Spiegelei, Blumenzwiebel spring entzwei!

⭐ Wir pflanzen Wintergeheimniszwiebeln in Tontöpfe mit Erde, stellen sie an einen hellen Fensterplatz und gießen sie regelmäßig. Wir beobachten, wie die Zwiebel ihr Wintergeheimnis im warmen Zimmer innerhalb weniger Wochen lüftet.

⭐ Wir machen einen Ratewettbewerb. Jede eingepflanzte Zwiebel bekommt eine Rätselkarte, auf die jedes Kind seinen Namen schreibt und eine Farbe neben den eigenen Namen malt. Wer hat die Blumenfarbe der erblühten Wintergeheimniszwiebel richtig geraten?

Körperpantomime

Die Kinder können das Ruhen einer Blumenzwiebel in der Erde, ihr Aufplatzen und Wachsen als Körperpantomime nachempfinden. Jedes Kind sucht sich einen Platz im Raum, kniet sich auf den Boden, macht den Rücken rund und vergräbt den Kopf in den Armen. Alle Kinder sind jetzt klein und eingepackt wie eine Blumenzwiebel, die in der Erde ruht. Wir atmen mehrmals ruhig ein und aus und folgen den Anweisungen:

„Stell dir vor, du bist eine Blumenzwiebel, die in einen Topf mit Erde gepflanzt wurde. Kannst du spüren, wo oben und unten ist, wo die Wurzeln wachsen werden und wo das Grün hervorplatzen wird? Bewege deine Zehen ein wenig auf und ab und stelle dir vor, dass aus deinen Fußsohlen kleine Wurzeln wachsen. Jetzt kannst du deine Hände vorne auf dem Boden aufstützen und in die Hocke kommen. Deine Blumenzwiebel hat nun Wurzeln geschlagen und ist mit der Erde fest verbunden. Sie gibt dir Halt und Kraft zum Wachsen. Langsam, ganz langsam wächst aus deiner braunen Zwiebelschale ein kleiner grüner Stängel. Du richtest dich langsam auf, zuerst die Beine und allmählich streckt sich auch dein Oberkörper in die Höhe, nur der Kopf ruht noch gebeugt mit dem Kinn auf der Brust. Jetzt wachsen aus dem grünen Stängel noch grüne Blätter. Du hebst deine Arme in die Höhe und gleichzeitig öffnet sich die Knospe deiner Blume zu einer wunderschönen Blüte. Deine Arme und dein Kopf strecken sich zum Himmel aus. Die Arme führst du über deinem Kopf zusammen und breitest sie ein wenig aus. Deine Arme haben sich wie grüne Blätter schützend über deiner Blüte ausgebreitet."

Am Ende der Blumenpantomime erzählt jedes Kind, welche Farbe seine Blume hatte, wonach sie geduftet hat, und vielleicht hat jede Blume, die aus der unscheinbaren Zwiebel gewachsen ist, auch einen schönen Namen.

Ein Winterblumenmärchen

Es war Winter. Ein eisiger Wind strich um das Wurzelhaus, in dem die kleine Blumenfee Amaryllis mit ihren Feeneltern den Winter verbrachte. Der Winter erschien ihr in diesem Jahr endlos lang. Jeden Morgen streckte sie ihren Kopf in die kalte Winterluft, um zu schauen, ob ein paar Sonnenstrahlen zu entdecken wären. Die Sonnenstrahlen waren ihre besten Freundinnen; wenn Amaryllis von den warmen Sonnenstrahlen berührt wurde, verliehen sie ihr Zauberkraft. Dann spielten sie gemeinsam Blumen zaubern. Amaryllis holte für dieses Spiel immer ihre Blumenschatzkiste aus der Wurzelhöhle und sie zauberten aus jeder Blumenzwiebel und aus jedem winzigen Blumensamen wunderschöne Blumen. Aber an diesem Tag schickte der Wolkengeist nur viele graue Wolken, aus denen eisiger Regen fiel. Der Windgeist tobte am Winterhimmel, dass es überall im Wald heulte und pfiff. Kein Tag für Sonnenstrahlen und kein Tag für kleine Feen zum Draußensein. Amaryllis schaute schon den ganzen Tag betrübt durch eine kleine Ritze der Wurzelhöhle in den nassgrauen Winterwald hinaus. Wenn es wenigstens schneien würde, dann könnte sie mit ihren Schneeflockenfreundinnen Schneeblumen zaubern, aber „Schnee wird es in den nächsten Tagen auch nicht geben", das hatte ihr Feenpapa gesagt. Und so sang Amaryllis von morgens bis abends traurige Lieder:

„Kein Vöglein mehr singt, kein Glockenblümchen mehr klingt, wie ist es mir kalt, hier im finsteren Wald ..."

„Amaryllis, kommst du? Es gibt Abendessen", rief ihre Feenmama aus der Wurzelhöhlenküche. „Ich mag aber nichts essen, ich hab trauriges Bauchweh", jammerte Amaryllis. „Das kommt von den traurigen Liedern, die du den ganzen Tag singst." Ihre Feenmama brachte Amaryllis eine Tasse heißen Efeublättertee und ein wärmendes Mooskissen, das sie ihr auf den kleinen Feenbauch legte. Sie strich Amaryllis durch die kleinen Feenlocken und erzählte ihr eine fröhliche Geschichte von einer zauberhaften Wiese, auf der viele Gänseblümchen blühten, Bienen und Hummeln summten und die Schmetterlinge im schönsten Festtagskleid einen Frühlingstanz tanzten.

Draußen war es inzwischen dunkel geworden und Amaryllis war eingeschlafen. Der Vater trug sein Feenkind in ihr warmes Blätterbett. Die Eltern hauchten ihr einen zarten Gute-Nacht-Kuss auf die Wange und blieben noch ein Weilchen an ihrem Bettchen sitzen. Sie machten sich Sorgen um ihr Feenkind, weil es im Winter so oft traurige Lieder sang und immer dieses traurige Bauchweh bekam, wenn sie nicht draußen spielen und mit den Sonnenstrahlen Blumen zaubern konnte. „Was können wir nur tun?", fragten sich die Feeneltern ratlos.

Es war mitten in der dunklen Nacht, da sprang Amaryllis erschrocken aus ihrem Blätterbett. Die Wurzelhöhle war plötzlich hell erleuchtet und ein Lichtstrahl traf sie mitten ins Gesicht. Sie hielt ihre kleinen Feenhände vor ihre verschlafenen Augen, zwinkerte und blinzelte ein paar Mal und krabbelte neugierig und leise, um ihre Eltern nicht zu wecken, zum Höhleneingang. Neben der Wurzelhöhle lag ein Sternenkind, das wohl gerade vom Himmel gefallen war. Zum Glück war es auf einem Mooskissen gelandet und hatte sich nicht verletzt. Es glitzerte und funkelte in seinem goldenen Sternengewand und Amaryllis fühlte sein Licht, das so schön wärmte wie die Sonnenstrahlen im Frühling. „Wer bist du?", fragte Amaryllis erstaunt. „Ich komme von einem fernen Stern und möchte einmal eine Feenblume aus der Nähe sehen. Sie müssen wunderschön sein deine Blumen." Amaryllis wurde ganz aufgeregt: „Ich soll zaubern, heute Nacht?" „Wenn du mein Sternenlicht zum Zaubern gebrauchen kannst, so gebe ich dir gerne etwas ab", antwortete das Sternenkind.

Amaryllis verschwand kurz in der Wurzelhöhle und holte die schönste Blumenzwiebel heraus, die sie in ihrer Blumenschatzkiste finden konnte. Sie streichelte die Blumenzwiebel behutsam mit ihren Feenhänden. Sie steckte sie in einen Topf mit Erde und dann geschah im Sternenlichterglanz bei Nacht ein Blumenwunder, wie es das Sternenkind im Himmel noch nicht gesehen hatte.

Am Morgen wollte Amaryllis gar nicht wach werden. Sie gähnte und versuchte, die Augen geschlossen zu halten, nur um die schöne Blume, die sie im Traum gesehen hatte, nicht zu vergessen. Aber ihre Augen öffneten sich wie von selbst und sie konnte nicht glauben, was sie da sah. Neben ihrem Blätterbett stand in einem Topf mit Erde eine wundervolle rote Blume. Sie hatte einen langen kräftigen grünen Stängel, als wollte sie in den Himmel wachsen. Amaryllis sprang aus ihrem Blätterbett, nahm den Blumentopf in den Arm und tanzte mit ihrer roten Blume einen lustigen Feentanz durch die Wurzelhöhle. Langsam erinnerte sie sich an die Erlebnisse der vergangenen Nacht. Es war also kein Traum gewesen. Sie hatte gezaubert und fühlte sich sehr glücklich. Amaryllis sang in diesem Winter keine traurigen Lieder mehr, denn sie hatte nun ihre rote Blume, mit der sie sich auf den Frühling und die Sonnenstrahlen freuen konnte und das Schönste an dieser Geschichte war, sie hatte eine neue Freundin hoch oben am weiten Sternenhimmel.

Regina Bestle-Körfer

Äpfel, Nuss und Mandelkern

Gesunde Naschereien

Sinnliche Genüsse

Äpfel, Nüsse und Mandeln sind Gaben, die bereits der Nikolaus in seinem Sack für die Kinder bereit hält. Auf dem Weihnachtsteller finden wir sie, neben allerhand weiteren sinnlichen Genüssen, wieder. Ihr Geschmack und der Gehalt an Vitaminen und Nährstoffen, die wir in kargen Winterzeiten besonders benötigen, macht sie so wertvoll. Als Schätze der Erde, die wir im Herbst geerntet haben, symbolisieren sie in der Tiefe der Heiligen Nacht und zum Ende des Jahres auch die Hoffnung auf ein fruchtbares neues Jahr.

Der weihnachtliche Christbaum hat einen engen Bezug zum Paradiesbaum, an dem die Lebensfrucht noch heute in vielerlei abgewandelter Form symbolisch hängt. Der Heilige Abend ist auch der Gedenktag von Adam und Eva, was auf eine Verbindung zur Paradiesgeschichte und zur Apfelsymbolik hinweist.

Am Heiligen Abend einen Apfel zu essen, sollte im kommenden Jahr vor Unglück schützen. In Westfalen schenkte man sich gegenseitig Äpfel, „damit einem das Geld niemals ausgeht". Die Apfelkerne der verspeisten Weihnachtsäpfel verwahrte man auf, um sie später einzupflanzen.

Apfelrestaurant

Wir eröffnen ein Apfelrestaurant. Zuvor bereiten wir viele unterschiedliche Apfelspeisen: Apfelmus, Apfelkuchen, Bratapfel usw. und stellen an unserer Bar verschiedene Apfelgetränke bereit: Apfeltee, Apfelsaft, Apfelsaftschorle, Apfelbowle usw. Auch verschiedene rohe Apfelsorten können wir zum Probieren anbieten. Dabei entdecken wir im direkten Vergleich, wie unterschiedlich Äpfel schmecken können und erfahren, welche Namen sie haben. Wir malen eine Speisekarte mit den verschiedenen Speisen und spielen als Rollenspiel einen Besuch im Apfelrestaurant.

Paradiesische Äpfel

Der rotbackige Apfel war schon im Mittelalter ein wichtiger Vitamin-C-Lieferant während des Winters. Er symbolisierte Fruchtbarkeit und Wohlstand und ist so die Frucht des Lebens geworden.

Geschmack

Der Geschmackssinn verrät uns nicht nur etwas über die Speise, die wir gerade zu uns nehmen, er trägt im Zusammenspiel mit dem Geruchssinn auch dazu bei, dass wir Nahrung genießen können. Unser Geschmackssinn ist von der Vielzahl der Fertigprodukte der Lebensmittelindustrie mit ihren künstlichen Aromastoffen und Geschmacksverstärkern verfremdet und vor allem auf süß und salzig getrimmt. Kindern fällt es besonders schwer, mit ihren noch geringen Geschmackserfahrungen Neues auszuprobieren. Trotzdem sollten wir ihnen ein vielfältiges Geschmacksangebot von naturbelassenen Lebensmitteln als Gegensatz zu süßen Esswaren anbieten.

Glücksnüsse

Nüsse gelten als kompakte Energielieferanten und sind bei Menschen und Tieren eine beliebte Winterkost. Sie enthalten viel Fett, davon viele der gesunden ungesättigten Fettsäuren, und haben einen sehr hohen Eiweiß- und Mineralstoffgehalt. Gemahlene, gehobelte, gehackte Nüsse oder Mandeln dürfen im Weihnachtsgebäck nicht fehlen.
Nüsse gelten in der Symbolik als Zeichen eines unerforschlichen Lebens, das einem „harte Nüsse zu knacken gibt". Vergoldete Nüsse weisen darauf hin, dass unser Leben aus zwei Seiten besteht: eine hell glänzende äußere Seite und eine dunkle, unbekannte Seite im verborgenen Kern. Und so sind Nüsse als Weihnachtsorakel sehr beliebt. Zwölf Weihnachtsnüsse knacken und essen soll Hinweise auf Glück oder Unglück in den nächsten zwölf Monaten geben. Die taube Nuss kündigt zu erwartendes Missgeschick an. Vielleicht können wir durch Schütteln schon die taube Nuss erkennen und diese beim Orakeln vorsichtshalber im Korb liegen lassen.

Nussbar

An einer Nussbar können wir auch Nüsse, die nicht bei uns wachsen, kennenlernen. Dazu legen wir verschiedene Nüsse – Walnüsse, Haselnüsse, Mandeln, Paranüsse, Erdnüsse, Pistazien, Kokosnüsse – mit ihrer Schale nebeneinander und die Kinder befühlen und vergleichen die verschiedenen Nüsse miteinander. Sie spüren ihr Gewicht, ihre Größe, die Muster auf den Schalen und versuchen, eine bunte Nussmischung zusammenzustellen. Wir versuchen, die Nüsse zu kancken. Eine Kraftprobe, die einiges Geschick, aber auch die Lust herausfordert, den Kern aus eigener Kraft zu befreien, um ihn sich dann auf der Zunge zergehen zu lassen.

Glückspyramide

Für dieses Nuss-Spiel benötigt jedes Kind 21 Nüsse sowie einen Sack, in dem es die beim Glückswürfeln erwürfelten Nüsse sammeln kann.
Aus den 21 Nüssen bildet jedes Kind eine Pyramide auf dem Tisch oder Boden. Dazu legt es in der untersten Reihe sechs Nüsse nebeneinander, darüber fünf, dann vier, drei, zwei und an die Spitze schließlich eine Nuss. Dann wird reihum gewürfelt. Wer zum Beispiel eine 3 gewürfelt hat, darf zuerst die drei Nüsse aus seiner Pyramide nehmen und in seinen Sack stecken. Bei der nächsten 3 darf man sich auch bei einem beliebigen Mitspieler die drei Nüsse stibitzen. Man kann also auch weiter spielen und Nüsse erwürfeln, wenn die eigene Pyramide längst verloren ist. Es wird so lange gespielt, bis keine Pyramide mehr vorhanden ist. Wer die meisten Nüsse in seinem Sack hat, ist Nusskönig oder Nusskönigin.

Gebackene gute Wünsche
Gebildbrote zu Winterfeiertagen

Schmackhaftes Brauchtum

Zu allen Festen im Jahr ist es reiche Tradition, Bilder aus Teig zu backen. Im Winter ist das Backen eine beliebte Beschäftigung für Kinder. Da werden eifrig Lebkuchenmänner gebacken, mit Nüssen, Mandeln und Zuckerguss verziert, Plätzchenteig geknetet, ausgerollt und zu einer bunten Vielzahl von Sternen, Monden, Herzen, Tieren, Tannenbäumen usw. geformt und gebacken. In alle Teigwaren kneten und backen wir unsere guten Wünsche hinein. Auf dem Weihnachtsteller genießen wir ihre Süße und das Aroma ihrer gesunden Gewürze oder wir verschenken sie mit vielen guten Wünschen an liebe Menschen.

Legende von den ersten Weihnachtsplätzchen

Die Hirten waren gerade dabei, ihre Brote zu backen, da sahen sie den Weihnachtsstern am winterlichen Himmel leuchten. Sie machten sich mit ihren Herden sofort auf den Weg nach Bethlehem, wohin sie der Stern führte. Bei aller Aufregung und Freude über den Stern und das Kind im Stall hatten die Hirten ihre Brote im Backofen vergessen. Als sie nach Hause zurückkehrten, strömte ihnen ein wunderbarer Duft entgegen. Sie konnten nicht glauben, was geschehen war. Ihre Brote, die nach der langen Zeit im Backofen eigentlich hätten verbrannt sein müssen, waren zwar sehr dunkel geworden, schmeckten aber himmlisch süß. Allen Freunden und Bekannten gaben sie eine Kostprobe dieses besonderen Brotes und brachen es in viele kleine Stückchen, damit jeder davon kosten konnte. Als Erinnerung an dieses Wunder begann man zur Heiligen Nacht kleine würzige Himmelskuchen zu backen, aus denen die Weihnachtsplätzchen geworden sind.

Lebkuchen

Die ersten Lebkuchen haben Mönche in ihren Klöstern gebacken. Als verdauungsfördernde Fladen wurden sie mit kostbaren Gewürzen wie Anis, Zimt, Ingwer, Koriander, Nelken, Muskat und Pfeffer hergestellt und an die Menschen verteilt. Weil die Mönche den Menschen einst ihre Fladen als Medizin verordneten, gelten sie wegen ihrer Gewürze noch heute als Heilkuchen. Der Lebkuchen ist, versehen mit der christlichen Botschaft, dass Jesus geboren

ist, um die Welt zu heilen, ein weihnachtliches Bildgebäck geworden. Noch im letzten Jahrhundert wurden Hebammen mit Lebkuchen belohnt, wenn sie einem neugeborenen Kind zum Leben verholfen haben.

Lebkuchen-Hexenhaus

Aus Lebkuchenteig können wir mit Kindern Lebkuchenmänner, Plätzchen oder sogar ein aufwändiges Hexenhaus backen. Zunächst werden dafür die benötigten Teile aus Lebkuchenteig gebacken.

Zutaten: 350 g Honig, 100 g Zucker, 100 g Butter, 1 Ei, abgeriebene Schale einer unbehandelten Zitrone, 1 EL Kakaopulver, je 1/2 TL Zimt, Nelken, Kardamom, Muskat, Piment, Koriander, Ingwer, Hirschhornsalz und Pottasche oder Lebkuchengewürzmischung, 1 EL Wasser, 500 g Mehl.

Für den Lebkuchenteig werden Honig, Zucker und Butter in einem Topf auf mittlerer Hitze unter stetem Rühren erwärmt, bis sich der Zucker aufgelöst hat. Die Masse auf Handwärme abkühlen lassen, bevor wir das Ei, die Zitronenschale, den Kakao und die Gewürze hinzufügen können. Die Pottasche und das Hirschhornsalz müssen wir im Wasser auflösen, mit dem Mehl unter die Honigmasse geben und zu einem festen Teig verkneten. Der Teig wird in Folie gepackt und muss einen Tag bei Zimmertemperatur ruhen, bevor wir ihn erneut durchwalken und auf einer bemehlten Arbeitsfläche 1 bis 2 mm stark ausrollen. Auf einem gefetteten oder mit Backpapier belegten Backblech wird der Lebkuchen im vorgeheizten Ofen bei 180 Grad 15 bis 20 Minuten gebacken. Noch warm nehmen wir den Lebkuchen vom Blech und lassen ihn auf einem Kuchengitter auskühlen. Er ist frisch gebacken schon so hart, dass wir sofort mit dem Bau eines Hexenhauses beginnen können. Mit Zitronenguss werden die Teile des Hexenhauses miteinander verbunden, mit Guss, bunten Zuckerperlen und Watte kann schließlich das ganze Häuschen nach Belieben verziert werden. Lebkuchenmänner und -plätzchen werden nach drei bis fünf Tagen weich, wenn wir sie in einer Blechdose, zusammen mit einigen Apfelschnitzen, aufbewahren. Erst dann sollten wir sie mit Zucker- oder Schokoladenguss und anderen Leckereien verzieren.

Gebildbrote zu Neujahr

Das neue Jahr begrüßen wir mit einem Glücksgebäck aus Hefeteig. Wir können uns für verschiedene symbolhafte Glücksformen entscheiden.

- Neujährchen entstehen aus einem Hefestrang, der zu einer S-Form mit zwei eingerollten Schnecken, oben und unten geformt wird.
- Brezeln sind am bekanntesten und sollen das Glück festhalten. Sie können aus einem einfachen Strang oder aus drei geflochtenen Zöpfen geformt werden.
- Drei gleich lang geflochtene Zöpfe, die zu einer Sternform übereinander gelegt werden, ergeben den Glücksstern.
- Hufeisen formen wir aus einem Teigstrang von ungefähr 30 cm Länge. Diesen Strang belegen wir mit einer dünn ausgerollten Teigrolle, die wir schlangenförmig auf dem Hufeisen aufdrücken. In die entstandenen Bögen drücken wir 12 Teigkügelchen, das sind die kommenden Monate des neuen Jahres, in die wir das Glück hineingeknetet haben.
- Ein Sonnenbrot darf auf dem Neujahrsfrühstückstisch natürlich nicht fehlen, denn die Sonne erwarten wir im neuen Jahr alle mit großer Freude.

5 Element Luft

Klirrend kalt

Der Beginn des Winters kündigt sich meist schon vor dem eigentlichen Winteranfang am 21. Dezember mit tiefen Temperaturen und frostigem Wind an. Den Winter spüren wir am ganzen Körper, wenn die eisige Luft unsere Wangen kitzelt und rot werden lässt und die Kälte unter die Jacke kriecht. Bei Kälte zieht sich unsere Haut mit ihren Poren zusammen. Die Blutgefäße an der Körperoberfläche schließen sich, um den Wärmeverlust möglichst gering zu halten. Bei Kälte fangen wir an zu zittern, unsere innere Körperheizung wird aktiv. Beim Zittern wird eine Vielzahl von Muskeln aktiviert und durch diese Bewegung entsteht Wärme. Mit warmer Kleidung schützen wir uns vor der Kälte und können so auch im Winter draußen aktiv sein.

> Ein Eisbär mit eiskalten Ohren
> hat im Schnee seine Mütze verloren.
> Er sucht sie in Spalten und Ritzen,
> und muss dabei fürchterlich schwitzen!
> *Annemarie Stollenwerk*

Winterzungenbrecher

Wer kann die folgenden Sätze am schnellsten richtig aufsagen, ohne über die eigene Zunge zu stolpern?

❄ Eisbären am eisigen Nordpol lutschen am liebsten eisgekühlte Eiszapfen.

❄ Schnuckelige Schneehasen schnüffeln schnuppernd an schneeweißen Schneeglöckchen.

Fallen uns noch andere kalte Zungenbrecher ein? Wer Lust hat, kann auch eine kleine Melodie zu den Sätzen erfinden!

Kälte fühlen

Durch kleine Experimente erfahren wir, wie sich die kalte Luft auswirkt und wie wir uns vor ihr schützen können.

❄ Wir reiben unsere Hände mit Schnee ein. Eine Gruppe schlüpft sofort in die Handschuhe, die andere wartet etwa fünf Minuten ab, ehe auch sie Handschuhe anzieht. Welche Hände sind nach dieser Zeit wärmer?

❄ Wir machen einen kurzen Spaziergang im Winterwind. Zuerst gehen wir uneingecremt ins Freie, dann schützen wir unser Gesicht mit einer guten Fettcreme. Wie empfinden wir die Kälte in unseren Gesichtern?

Atemhauch

Wenn es draußen kalt ist, können wir unsere Atemluft, die aus der Wärme unseres Körpers kommt, sehen. Warme Luft kann mehr Feuchtigkeit aufnehmen als kalte, und so kondensiert die Feuchtigkeit des warmen Atems an der kalten Winterluft als kleine Nebelwölkchen. Wie kleine Drachen können wir kräftig ausatmen und dabei beobachten, wie viel Luft in unseren Lungen gewesen ist. Wir versuchen, einen bestimmten Rhythmus zu hauchen. Es kann auch ein bekanntes Lied sein, das wir gemeinsam kräftig hauchen. Wir spielen mit der Intensität des Atemhauchs: einmal ganz kräftig, einmal zart und sanft.

Schneehasen und Eisfuchs

Innerhalb eines abgesteckten Spielfelds graben alle Mitspieler eine kleine Kuhle in den Schnee oder sie legen mit Zapfen oder Steinen einen Kreis; das ist der Bau der Schneehasen. Alle Mitspieler sitzen in ihrem Bau, nur ein Schneehase hat kein Zuhause und muss frieren. Zudem muss er sich vor dem Eisfuchs, einem weiteren Kind, in Acht nehmen. Und schon geht die wilde Jagd los: Der Eisfuchs versucht den Schneehasen zu fangen, bevor dieser in eine der Kuhlen springt. Tut der Hase das, muss der dort sitzende Schneehase loslaufen und versuchen, dem Eisfuchs zu entkommen. Gelingt es dem Eisfuchs, den Schneehasen zu fangen, tauschen die beiden ihre Rollen.

Der Eisbär geht um

Eine große Eskimofamilie hat sich einen Iglu gegen die Kälte gebaut. Alle Mitspieler sitzen unter einem Bettlaken oder Schwungtuch mit dem Rücken nach außen auf dem Rand eines aus Schnee gebauten, etwa kniehohen Kreises eng aneinander. Während sie sich im Schutz ihres Iglus Geschichten erzählen, schleicht draußen ein Eisbär herum und versucht, zu den Eskimos in den warmen Iglu zu gelangen. Gelingt es ihm, muss ein Eskimo mit ihm hinaus in die Kälte gehen. In der nächsten Spielrunde schleichen schon zwei Eisbären um den Iglu und es ist schwieriger, dem Eisbären durch Zusammenrücken den Eintritt zu verwehren. Welche Kinder können am längsten im Iglu bleiben, ehe er ganz in sich zusammenfällt?

Nordpolstaffel

Bei dieser Kleiderstaffel bilden wir zwei Kindermannschaften. Immer ein Kind jeder Mannschaft muss sich wie ein Eskimo erst warm anziehen, bevor es nach draußen in die Kälte des Nordpols gehen kann, um Fische zu fangen. Draußen vor der Tür steht, an einem kalten Wintertag, ein Wäschekorb mit magnetischen Fischen. Jede Kindermannschaft bekommt eine Angel mit Magnet, einen großen Würfel und eine Kiste mit den folgenden Kleiderstücken: dicker Pullover, Jacke, Mütze, Schal, Handschuhe. Auf ein Startzeichen beginnt sich das erste Kind jeder Mannschaft warm anzuziehen und darf nun zum Angeln nach draußen laufen. Es darf so viele Fische aus dem Wäschekorb angeln und in einen bereitgestellten Eimer legen, bis eines seiner Mannschaftskinder eine 6 gewürfelt hat und das angelnde Kind zurück ins Haus gerufen wird. Für die zweite Kindermannschaft zählt der gleiche Spielverlauf, nur dass diese Kinder eine 1 würfeln müssen, um sich abzulösen. Es wird eine Spielzeit vereinbart, an deren Ende die Fische im Eimer gezählt und die Siegermannschaft ermittelt wird.

In Wolle dick vermummt
Wärmende Hüllen

Dichtes Fell und feine Daunen

Der beste Schutz vor Kälte ist ein dichter Pelz, wie ihn Tiere tragen, die in Polargebieten bei Eis und Schnee leben. Eisbären, Schlittenhunde und Polarfüchse sind durch ein dichtes, wärmendes Fell vor eisigen Winden geschützt. Auch manchen Tieren, die sich in unseren Wintern im Freien aufhalten, wächst ein wärmendes Winterfell. Wenn wir Menschen an klirrend kalten Wintertagen vor die Haustür treten, brauchen auch wir Wintermäntel aus Wolle, Jacken aus Daunen, Wollschal und Wollmütze, die uns wärmen und vor der Kälte schützen.

Haut

Die Haut ist das größte Organ des Körpers und hat viele wichtige Funktionen. Sie ist empfänglich für verschiedenste Reize und muss atmen können. Bei Kälte ziehen sich die Hautporen zusammen. Durch diese »Gänsehaut« stellen sich die kleinen Härchen auf der Haut auf und sollen eine dünne, wärmende Luftschicht auf der Hautoberfläche halten. Unsere Kleidung, die uns wie eine zweite Haut einhüllt, sollte für Luft und Feuchtigkeit möglichst durchlässig sein. Nur so kann die Haut darunter atmen und unsere Körperwärme auch bei Kälte schützend erhalten.

Was die Haut wärmt

Die Kinder legen aus gesammelten Stoff- und Wollresten (Wolle, Baumwolle, Cordstoff, Watte, Samt, Seide, Glitzerstoffe, Regenjackenstoff usw.) eine Taststraße auf den Boden. Durch Befühlen mit den Händen und Ertasten mit den nackten Füßen erleben die Kinder, welche Stoffe sich auf der Haut eher warm oder eher kalt anfühlen.

Wolle von Tieren und Pflanzen

Die Haare verschiedener Tiere, die sich zum Verspinnen und Weben eignen, werden als Wolle bezeichnet. Der Hauptwolllieferant ist das Schaf. Man unterscheidet verschiedene Wollqualitäten, die von der Haarlänge, Feinheit und Kräuselung abhängen. Merinowolle ist fein, kurzfaserig und stark gekräuselt. Lammwolle ist nicht sehr fest, zart und weich. Das zusammenhängende Wollkleid der Tiere wird gewaschen, in der Spinnerei zu einem Wollfaden versponnen und dann zu einem Wollknäuel aufgewickelt, aus dem wir warme Winterpullover stricken können. Wolle ist hochelastisch, deshalb knitterfest, nimmt viel Feuchtigkeit auf und leitet schlecht Wärme. Man unterscheidet neben Wolle von verschiedenen Tieren (Schaf, Ziege, Kamel, Lama, Kaninchen)

auch Wolle aus Pflanzenfasern (Baumwolle, Flachs, Hanf, Jute) und Wolle aus Kunstfasern, die chemisch hergestellt werden. Die Kinder lernen die Wolle von verschiedenen Tieren und Pflanzen kennen, indem sie auf einen großen Plakatkarton verschiedene Wollfäden kleben und dazu das entsprechende Tier bzw. eine Pflanze malen, die wir vorher in einem Bestimmungsbuch betrachtet haben.
– Kaschmirwolle kommt von der Kaschmirziege.
– Mohairwolle kommt von der Angoraziege.
– Alpakawolle kommt von den Lamas.
– Kamelhaarwolle kommt von den Kamelen.
– Angorawolle kommt vom Kaninchen.
Wenn wir die einzelnen Fäden und ihre Knäuel durch unsere Finger gleiten lassen, können wir die Unterschiede fühlen. Welche Wolle ist besonders weich und kuschelig?

Wollknäuelgeschenke

Die Kinder umwickeln einen kleinen Gegenstand (z. B. Kastanie, Nuss, Stein) mit einem langen Wollfaden, bis er in einem Wollknäuel verschwunden ist. 24 Wollknäuelgeschenke können auch zu einem Adventskalender an einen Korkenzieherzweig gehängt und mit Zahlen für jeden Tag des Advents versehen werden. Egal zu welcher Gelegenheit unsere kuscheligen Wollknäuelgeschenke geöffnet werden, das Auswickeln macht immer Spaß.

Weiches Wollschaf

Für unser weiches Wollschaf benötigen wir braune und rohweiße Roh- oder Märchenwolle. In eine ca. 5 cm lange Papprolle stechen wir zunächst 4 Löcher und stecken 4 Stöckchen hinein, die die Schafbeine darstellen. Durch die Papprollenöffnung schieben wir ein Knäuel brauner Wolle, die vorne herausragt und den Kopf unseres Wollschafes darstellt. Die Rolle bekleben wir dann rundum mit heller Wolle, bis unser Schaf ein dichtes Wollkleid hat. Aus braunem Filz schneiden wir die Ohren und kleben sie am Kopf fest. Die Augen kleben wir aus zwei kleinen weißen Holzperlen an, und aus einem weißen Wollfadenstück formen wir ein Schafmaul. Das Schwänzchen müssen wir noch aus einem kurzen Strang Wollfilz drehen und ankleben. Unser Wollschaf fühlt sich in den Händen wohlig weich und wärmend an.

Wollmützenreise

Die Kinder sitzen im Kreis und ein Kind bekommt eine Wollmütze aufgesetzt. Wenn Musik einsetzt, beginnt unsere Mützenreise. Das Kind mit der Mütze darf sie nun dem Kind zu seiner Rechten aufsetzen. Dieses Kind versucht sie so schnell wie möglich wieder loszuwerden und dem nächsten Kind aufzusetzen usw. Immer wenn die Musik für einen kurzen Moment aussetzt, wird geschaut, wer die Mütze gerade auf dem Kopf hat. Dieses Kind gibt ein Pfand ab und die Mützenreise wird fortgesetzt, bis genügend Pfänder zur Pfandeinlösung gesammelt wurden.

Die Farben des Winterhimmels
Reif und Tau machen den Himmel blau

Intensive Farben und klare Konturen

Ein Wintertag mit einem strahlend blauen Himmel und leuchtendem Sonnenschein ist ein Fest für die Sinne. Ist die Welt gleichzeitig noch in Schnee gehüllt, erstrahlt ein Blau mit so intensiver Leuchtkraft, dass wir die Augen zukneifen müssen. Unser Blick verliert sich scheinbar im Unendlichen des blauen Himmels. Gleichzeitig empfinden wir das Blau wie ein Zelt, das sich schützend über uns spannt und uns Geborgenheit schenkt. Im Blau sind die Konturen von Bäumen, Wäldern und Bergen besonders gut zu erkennen. An solch klaren Tagen haben auch Sonnenauf- und Untergang ihren besonderen Zauber, denn oft erstrahlt der Himmel in wunderschönen Rot- und Rosatönen. Bei hoher Luftfeuchtigkeit in der Höhe des Himmels bricht sich das Sonnenlicht in den Eiskristallen, die in den Wolken sitzen, und färbt den Himmel flammend rot. Geschieht das am Morgen, steht uns Regen oder Schnee bevor.

Tuchschaukel unter blauem Himmel

Wir fassen gemeinsam ein Bettlaken oder eine Decke, auf der es sich ein Kind gemütlich gemacht hat, an zwei Seiten. Mit sanften oder auch etwas kräftigeren Bewegungen schaukeln wir das Kind unter dem blauen Himmel hin und her, auf und ab. Hat es genug geschaukelt und das viele Blau genossen, ist das nächste Kind an der Reihe.

Abdrücke von Ästen

Vor dem Blau des Winterhimmels kommt das Geäst der Bäume besonders gut zur Geltung. Wir breiten auf dem Boden Bögen von blauem Tonpapier oder Fotokarton aus und stellen braune und weiße Finger- oder Temperafarbe bereit. Zuvor gesammelte, weiche Ästchen (z. B. Birkenreisig oder Tannenzweige) bestreichen wir mit Fingern oder Pinsel dick mit Farbe und schlagen sie dann kräftig auf das blaue Papier. Mit den verschiedenen Astabdrücken schmücken wir die Wände.

Das Himmelsblau einfangen

Jedes Kind erhält eine quadratische Spiegelfliese (gibts im Baumarkt) und gemeinsam versuchen wir, mit diesem Spiegel das Blau des Himmels einzufangen: reines Blau, Blau vermischt mit kleinen weißen Wölkchen, dunkle Äste vor blauem Winterhimmel, verschneite Zweige etc. Achtung: Nicht in die Sonne blicken oder die gespiegelte Sonne auf die Augen anderer Kinder lenken!

Als Spielvariante können wir einen großen Spiegel oder die Spiegelfliesen draußen auf einen Tisch legen. Wir betrachten das Blau des Himmels, wie es sich in den Fliesen spiegelt, und versuchen, mit Tempera- oder Fingerfarben die verschiedenen Blautöne zu mischen und auf ein Blatt Papier zu übertragen. Wie nuancenreich zeigt sich das Blau? Verändert es seine Intensität im Lauf des Tages?

Winterblaue Wolkenpost

Aus blauem Seiden-, Strohseiden oder Bananenpapier reißen oder schneiden wir verschieden große Wolken. Wir bekleben sie mit feinen Wattefetzen, bemalen sie mit weißer Farbe oder schreiben mit einem weißen Stift winterblaue Worte auf die Wolken. Diese Wolkenpost können wir – auf eine Karte geklebt – an liebe Menschen verschicken oder an dünnen Fäden an der Zimmerdecke oder an Zweigen schweben lassen.

Ein Rahmen für den Winterhimmel

Aus festem, weißem Karton schneiden wir beliebig große Rahmen mit breitem Rand aus. Wir bemalen und gestalten diese Rahmen, z. B. mit winterlichen Motiven, mit verschieden blauen Papierschnipseln oder mit Materialien aus der Natur wie Steinchen, Reisig, Moos und Rinde. Wenn wir unsere Rahmen gegen den blauen Winterhimmel halten, können wir uns unser persönliches Stück Himmel einrahmen und genießen! Wir können die Rahmen aber auch an eine Fensterscheibe kleben und durch sie hindurch den Winterhimmel zu verschiedenen Tageszeiten anschauen.

Tanzen im Blau

Wir schmücken uns mit leuchtend blauen Tüchern oder Umhängen, schminken unsere Gesichter winterhimmelblau und tanzen durch das Blau eines klaren Wintertages. Zur Melodie von »ABC, die Katze lief im Schnee« können wir dabei folgenden Text singen:
Blau, blau, blau, ein Himmel voller Blau,
ich mag tanzen, lachen, springen,
himmelblaue Lieder singen,
blau, blau, blau, ein Himmel voller Blau.

Am Ende eines blauen Tages

Mit zwei großen, dunkelblauen Tüchern spielen wir den Sonnenuntergang. Auf eines der Tücher legen wir einen roten oder rosafarbenen Luftballon, den wir mit gleichfarbigen Krepppapierbändern beklebt haben. Einige Kinder fassen dieses Betttuch und lassen es sanft auf und ab wehen, sodass der Ballon mit den flatternden Bändern auf und ab tanzt. Die Sonne steht noch am blauen Himmel und zeigt ihre intensive Färbung. Eine weitere Gruppe Kinder fasst das zweite Betttuch und breitet es nach einiger Zeit über die Sonne, sodass sie nicht mehr zu sehen ist. Gemeinsam lassen wir beide Tücher gleichzeitig auf und ab wehen. Der Tag ist zu Ende und die Nacht naht. Mit leiser meditativer Musik können wir eine schöne Sonnenuntergangsstimmung nachempfinden.

Vögel im Winter
Gefiederte Gäste am Futterplatz

Vögel vernünftig füttern

Der Winter ist eine harte Zeit für die Vögel. Nur relativ wenige Arten bleiben im Winter bei uns, z. B. der Dompfaff, die Blaumeise, der Spatz, die Amsel und der Zaunkönig. In milden, schneearmen Winterzeiten leiden diese Daheimgebliebenen kaum Not. Doch bei geschlossener Schneedecke oder strengem Frost wird die Nahrung knapp. Wir können den Vögeln durch gezielte Fütterung helfen, indem wir sie zum Vogelhäuschen oder zu einem anderen Futterplatz locken. Schon im Spätherbst sollte man die Futterstelle vorbereiten und gelegentlich Futter ausstreuen, damit die Vögel sie im Winter finden. Es ist ein schönes Erlebnis, den gefiederten Gästen am Futterplatz zuzuschauen.

Sinnesübung

Wenn es draußen kalt ist, versuchen auch die Vögel, sich gegen Kälte und Feuchtigkeit zu schützen. Sie ducken sich, plustern ihr Gefieder auf und rücken zusammen. Wir stellen uns vor, dass wir Vögel sind.

- Wir hüpfen draußen umher und bleiben dann für etwa eine Minute mit ausgebreiteten Armen ruhig stehen. Wie fühlt sich der kalte Wind an, wenn wir still stehen?
- Wir kauern uns auf den Boden und bleiben eine Minute lang ruhig sitzen. Wie fühlt sich die Kälte nun an? Was hat sich verändert? Durch die Verkleinerung der Körperoberfläche beim Zusammenkauern wird es uns wärmer.
- Zum Schluss kuscheln wir uns hockend aneinander und genießen die Wärme und Nähe.

Federleicht

Mit kleinen, federleichten Daunenfedern, die ein schützendes Luftpolster bilden, schützen sich die Vögel vor der Kälte.

- Wir schauen uns feine Daunenfedern mit einer Lupe an und fühlen, wie weich und leicht sie sind.
- Wir berühren und streicheln uns gegenseitig mit einer Daunenfeder. Dazu bilden wir Paare. Abwechselnd darf jeder sagen, wo er gerne gestreichelt werden möchte: an der Nase, an der Stirn, über die Handinnenflächen, im Nacken etc.
- Wir legen auf ein dunkles Stück Filz oder einen anderen dunklen Untergrund ein Mandala aus Daunenfedern. Wir müssen vorsichtig und behutsam arbeiten, denn schon beim leisesten Windzug gerät unser Bild sonst durcheinander.

Am Vogelhaus

Am Vogelhäuschen oder einer anderen Futterstelle herrscht bei Frost und Schnee reges Treiben. Wir können gut beobachten, welche Vögel sich dort einfinden: Wie sehen die Vögel aus? Wir achten auf ihr Gefieder und ihre Schnäbel. Man unterscheidet Körnerfresser, die man an ihrem kurzen, kräftigen Schnabel erkennt, und Weich- oder Insektenfresser, die lange, spitze und elegantere Schnäbel haben. Wie fressen die Vögel? Picken sie, knacken sie Kerne, fressen sie kopfüber oder hängend? Ein Vogelbestimmungsbuch kann uns helfen, die Namen der Vögel herauszufinden.

❄ Als Variante sammeln wir eine große Anzahl von Zapfen in einem Korb, z. B. Fichten- und Kiefernzapfen. Zwei Mannschaften werden gebildet, eine darf nur Fichtenzapfen, die andere nur Kiefernzapfen als Futter einsammeln. Auf ein Kommando laufen die ersten beiden Kinder los und versuchen während zwei Minuten, in einer Schürze oder einem Körbchen möglichst viele ihrer Zapfen aufzusammeln und zu einem festgelegten Futterplatz zu bringen. Dort werden die Zapfen ausgeleert und der nächste Mitspieler ist an der Reihe. Welche Mannschaft kann die meisten Zapfen einsammeln?

Futterbaum

Draußen suchen wir nach einem kleinen Tannenbaum, den wir für die Vögel mit Futtergirlanden aus Nüssen, kernigen Haferflocken, Rosinen, Beeren etc. schmücken. Auch kleine Äpfel oder aufgefädelte Apfelspalten sind ein gutes Winterfutter für die meisten Vogelarten. Wenn wir keinen geeigneten Futterbaum finden, können wir auch auf festes Papier oder Karton einen Tannenbaum oder einen Stern aufzeichnen. Die Form wird ausgeschnitten und an einer windgeschützten Stelle auf eine Wiese oder in den Schnee gelegt. Dann füllen wir sie mit verschiedenen Futtermaterialien, die die Vögel schon bald aufpicken werden.

Futtersuche

❄ Wir spielen Vögel, die auf Futtersuche sind. Dazu trippeln oder hüpfen wir durch den Garten und sammeln Zapfen, Erdnüsse, Haselnüsse oder Walnüsse, die zuvor versteckt wurden. Wem gelingt es, das meiste Futter aufzusammeln?

Wasservögel

Das Gefieder von Enten und Schwänen ist sehr dicht und bietet durch die darunterliegenden feinen Flaumfedern auch bei Kälte und Frost eine gute Wärmeisolation. Die meisten Wasservögel fetten zudem ihr Deckgefieder mit einem Sekret, das von der Bürzeldrüse, einer Drüse über dem Schwanz, abgesondert wird. Die Vögel verteilen das Fett vor allem mit dem Schnabel über das Gefieder, dadurch wird es wasserundurchlässig.

Gut geschützt

Am Teich oder anderen Gewässern beobachten wir Enten und Schwäne, wie sie sich putzen und pflegen. Um nachzuvollziehen, was mit den Federn der Wasservögel beim Einfetten geschieht, machen wir ein kleines Experiment: Wir bestreichen ein Stück Tonpapier mit Öl oder Butter. Dann sprühen wir Wasser aus einer Blumenspritze auf das Papier und beobachten, was passiert. Das Fett bildet wie auf den Federn der Vögel eine wasserabweisende Schicht.

Engel, die unsichtbaren Begleiter

Wundervolle Wesen

Engel in vielen Kulturen

„Ist das Christkind ein Mann, eine Frau oder ist es Luft?" Diese Frage hat ein dreijähriges Mädchen seiner Mutter in der spannenden Zeit vor Weihnachten gestellt. Luftige, unsichtbare Wesen wie das Christkind und die vielen Engel der Weihnachtszeit verzaubern Kinder, weil sie ihnen unsichtbare Fantasie-Welten eröffnen. Engel gibt es in allen Religionen. In der christlichen Tradition ist die Weihnachtszeit die Zeit der Engel. In den Geschichten um Jesus kommen häufig Engel vor; er wurde sein Leben lang von ihnen begleitet. Das hebräische Wort für Engelsflügel ist „Kaanaf", was übersetzt auch „Ecke" heißt. Sinnbildlich treten Engel plötzlich und unerwartet „um die Ecke" in die Welt. Alle luftigen Engelwesen sind Geistwesen. Als Schutzengel sind sie uns als Helfer in der Not oder Retter der Seele bekannt. In der ägyptischen Mythologie ist Isis die Beschützerin, Mutter und Jungfrau. In Engelsgestalt mit vielfarbigen Schwingen umfängt sie schützend das Weltall. Engel öffnen Herzen, sie wecken Sehnsucht nach Frieden und Liebe. Sie wollen die sichtbare und unsichtbare Welt wieder miteinander verbinden.

Engel aus Naturwolle

Für diesen Engel aus gekämmter Naturwolle benötigen wir einen fingerdicken Wollstrang, den wir zuerst mehrfach durch die Finger gleiten lassen, um

ihn ein wenig in eine gleichmäßig lange Form zu ziehen. In die Mitte des Wollstrangs binden wir einen Knoten und falten ihn dann doppelt. Aus dem Knoten entsteht ein Kopf mit Gesicht und Haaren, den wir mit einem goldenen Bändchen abbinden. Die Wolle unterhalb des Kopfes unterteilen wir mit den Fingern nun in zwei Flügelstränge und einen Körper. Die Flügel glatt ziehen und hinter dem Rücken des Engels bogenförmig in Gürtellinie mit einem goldenen Bändchen wie oben abbinden. Die Flügel sind nun am Rumpf befestigt. Die unten überstehende Wolle ziehen wir zu einem breit gefächerten Rock auseinander, können sie auch ein wenig in Form schneiden. Die Arme des Engels werden aus einem restlichen kurzen Stück Wolle gedreht und an beiden Enden mit einem Bändchen abgebunden. Nun wird der Rumpf seitlich leicht geöffnet und die

Arme durch die entstandene Rumpföffnung geschoben, sodass rechts und links des Rumpfes zwei Hände erscheinen. Unser Engel aus Naturwolle fühlt sich luftig und leicht an, beinahe unsichtbar.

Alle Rauschgoldengel heißen Anna

Nach einer Legende wurde vor 300 Jahren der erste Rauschgoldengel von einem Nürnberger Handwerksmeister hergestellt. Der Handwerker lebte einst sehr betrübt und traurig, weil seine kleine Tochter Anna gestorben war. Sie erschien ihm eines Nachts im Traum als Engel. Sie trug ein goldenes Kleid mit plissiertem Rock, goldener Engelskrone und goldenen Engelsflügeln. In seinem Kummer baute der Handwerker sein Traumbild nach. Er schnitzte einen Engelskopf aus Holz, und aus dünn gewalztem Messingblech, dem Rauschgold, fertigte er Kleid, Flügel und Krone an. Die Figur gefiel den Leuten so sehr, dass er den Engel noch oft herstellte und schließlich auf dem Christkindlesmarkt verkaufte. So bekam Anna als Rauschgoldengel einen Platz im Herzen vieler Menschen.

Engelherzkalender

Welches Kind würde sich nicht über ein Engelherz mit einer himmlischen Botschaft freuen, so wie Rosa in der folgenden Geschichte? Wir basteln kleine Engelherztaschen aus verschiedenfarbigen Goldpapieren und bestücken sie mit kleinen Botschaften. Wenn wir 24 Engelherzen mit einer Botschaft an einen Tannenzweig hängen, haben wir einen Adventskalender, der die Zeit bis Weihnachten mit kleinen Überraschungen ausfüllt.

Wir schneiden zwei Schnittmuster in zwei unterschiedlichen Farben nach der Form der Anleitungsskizze. Beide Schnittmuster liegen doppelt. Sie lassen sich an den Rundungen öffnen. Nun werden beide Teile miteinander verwoben. Immer abwechselnd schieben sich die Streifen ineinander. Wenn alle vier Streifen ineinander verwoben sind, ist ein Herz entstanden, das sich wie eine kleine Tasche öffnen lässt. Damit es aufgehängt werden kann, kleben wir ein goldenes Bändchen an unser Herz und bestücken es mit einer Überraschungsbotschaft. Um das Ineinanderflechten für kleinere Kinder zu erleichtern, können wir jedes doppelt gelegte Schnittmuster an der Faltstelle auch durchschneiden und immer nur zwei Schnittmuster zu einem einfachen Herz verweben. Auch zwei einfach gewebte Herzen lassen sich zu einer kleinen Tasche zusammenkleben.

1.

2.

3.

Ein Engel besucht die Erde

In der Engelbackstube war die Aufregung groß. Lusianna und ihre Engelschwestern waren mitten in der Weihnachtsbäckerei, da ertönte die Engelglocke. Der Erzengel Gabriel trat in die Backstube und sagte mit geheimnisvoller Stimme: „Meine lieben Engelkinder, es ist wieder so weit. Morgen ist Heilige Nacht. Lusianna, du wirst mich morgen auf die Erde begleiten. Und ihr anderen Engelkinder: Angelina, Gabriella, Rosalie, Annabell, Christalina und Ballerina, ihr singt im Engelchor auf Frau Holles Schneewolke." Lusiannas Engelbacken erglühten so rot wie das Ofenfeuer. Sie bedankte sich beim Erzengel Gabriel und versprach, sich vor dem Erdenbesuch die Engelhände zu waschen, die Engellocken zu kämmen und die Engelflügel so blank zu putzen, bis sie strahlten wie die Sterne des Himmels. Lusianna war jetzt ein Weihnachtsengel. Sie durfte einem Menschenkind in der Weihnachtsnacht ein selbst gebasteltes Engelherz mit einer himmlischen Botschaft schenken. Das war so aufregend, dass ihre Flügel zappelig auf und ab flimmerten. Lusianna hatte nun keine Zeit mehr, Himmelsplätzchen zu backen. Sie bastelte ihr Engelherz in Rot und Gold. Sie schrieb ihre Himmelsbotschaft auf einen blütenweißen Zettel mit goldener Schrift, hauchte ein wenig Himmelsduft auf das Papier und steckte es in das Herz hinein. Jetzt musste sie morgen nur noch ein Menschenkind finden, dem sie ihr Engelherz zum Weihnachtsfest schenken wollte …

In der Engelbackstube wurde bis zur letzten Minute eifrig gebacken, und am Abend vor dem Heiligen Abend erstrahlte der Himmel in leuchtendem Rot. Rosa, das Kind der Försterfamilie, schaute zum Himmel hinauf und dachte an die Engel im Himmel. Sie hätte gerne ein großes Fernrohr gehabt und ihnen beim Backen zugeschaut. Sie stellte es sich lustig vor, so lustig wie im Kindergarten, wenn sie zusammen backten. Aber jetzt waren Weihnachtsferien. Der Kindergarten war geschlossen und Rosa war ein wenig traurig, weil sie kein Kind zum Spielen hatte.

Als am Heiligen Abend die Mondsichel am Himmel erschien, wurde von den Engeln die Himmelsleiter aufgestellt. Sie reichte vom Himmel bis zur Erde. Der Erzengel Gabriel stieg vorneweg hinab und Lusianna zappelte mit aufgeregten Engelsflügeln hinter ihm her. Hoch oben auf der Himmelswolke saßen Lusiannas Engelschwestern. Sie winkten Lusianna zu, sangen das Engelsgloria und ließen strahlende Sternenplätzchen durch den Nachthimmel sausen.

Unten auf der Erde angekommen, sah Lusianna zum ersten Mal in ihrem Engelleben einen Wald und sie staunte über die vielen schneebedeckten Bäume, die im Mondlicht so hell leuchteten als sei es Tag. Sie hörte Gabriel noch sagen: „Ich werde dich jetzt allein lassen, ich muss noch zu den Hirten auf den Feldern. Sei vorsichtig, Lusianna, kein Mensch darf wissen, dass du ein Engel bist, und wenn du die Himmelslaterne drei Mal blinken siehst, ist es Zeit für dich, zur Himmelsleiter zurückzukehren." Dann flog Gabriel davon und Lusianna war allein auf der Erde. Als sie durch den Wald schwebte, sah Lusianna mit einem Mal ein helles Licht, und als sie näher herankam, entdeckte sie mitten im Wald ein Haus. Wer wohl dort wohnte? Lusianna kletterte neugierig auf das Fensterbrett und sah im Haus ein kleines Mädchen, das auf dem Boden spielte – und plötzlich machte es rutsch, flutsch, pardauz … Lusianna rutschte vom Fensterbrett und landete mitten im Schnee. Ihre Engelsflügel waren mit schwerem Schnee bedeckt und Lusianna konnte sich nicht allein aus dem Schnee befreien.

Rosa hörte von draußen ein leises Wimmern. Sie zog sich schnell Schuhe und Jacke an und stapfte durch den Schnee um das Haus herum. Sie sah ein Kind im Schnee strampeln wie einen Käfer, der auf den Rücken gefallen war. Sie klopfte den Schnee von Lusiannas Kleid und von den unsichtbaren Flügeln und half ihr auf die Beine. „Komm schnell herein und wärm dich am Ofen auf, dein Kleid ist ganz nass", sagte Rosa freudig. „Gerne", antwortete Lusianna, „aber ich muss noch weiterflie…" Erschrocken über sich selbst hielt Lusianna die Hand vor ihren Mund und hustete verlegen. „Du hustest ja schon", sagte Rosa besorgt, „komm, wir trinken zusammen einen warmen Tee." Lusianna überlegte kurz und dachte: „Zum Glück hat sie nicht gemerkt, dass ich ein Engel bin, da kann ich mich doch ein wenig aufwärmen." Sie gingen zusammen in das Försterhaus. Rosa holte Tee aus der Küche, und dann tranken sie Weihnachtstee am warmen Ofen. „Ich heiße Rosa und wie heißt du?", wollte Rosa wissen. Wieder hustete Lusianna verlegen. Durfte sie Rosa ihren Engelnamen sagen? Sie hätte den Erzengel Gabriel fragen sollen. Rosa ging in die Küche, um neuen Tee zu holen, da sah Lusianna plötzlich durch das Fenster von draußen ein helles Licht. Sie zählte leise mit: „Einmal, zweimal, dreimal! O je! Das konnte nur die Himmelslaterne vom Erzengel Gabriel sein!" Lusianna war auf einmal sehr aufgeregt. Da hörte sie Rosas Schritte näher kommen, sie flatterte mit ihren Flügeln wild umher, schaute sich noch einmal um und schwebte in letzter Sekunde durch das geschlossene Fenster davon. Als Rosa mit dem Tee in die Stube kam, sah sie gerade noch einen Zipfel von Lusiannas weißem Kleid in der Dunkelheit verschwinden. Sie hastete zum Fenster und erblickte ihre Eltern, die gerade mit einem Tannenbaum aus dem Wald kamen. Der Vater rief: „Rosaschatz, schau, was für einen prächtigen Baum wir geschlagen haben." Doch Rosa konnte sich gar nicht freuen. Dicke Tränen kullerten aus ihren Augen und die Mutter nahm sie in die Arme. „Rosakind, freust du dich denn gar nicht, dass Weihnachten ist?", fragte sie erstaunt. Rosa wollte ihrer Mutter gerade von dem geheimnisvollen Weihnachtsbesuch erzählen, da hörte sie den Vater erstaunt fragen: „Was glitzert denn hier am Tannenbaum? Das Christkind war doch noch gar nicht bei uns?" Und tatsächlich, da hing ein rot-goldenes Herz mit einem goldglitzernden Bändchen an ihrem Weihnachtsbaum. In goldener Schrift stand auf dem Herz geschrieben: **Für Rosa**. Rosa öffnete das Herz behutsam, und ein kleines blütenweißes, himmlisch duftiges Papier kam zum Vorschein. Rosa saß eingekuschelt auf Mamas Schoß und die Mutter las vor, was dort in goldenen, schönen Buchstaben geschrieben stand:

Dein Engel denkt an dich. Fröhliche Weihnachten! Deine Lusianna

Regina Bestle-Körfer

Wünsche und schöne Überraschungen
Wer Gaben und Geschenke bringt

Ein Brief ans Christkind

Jedes Kind kennt die magische Bedeutung des Wunschzettels, der eines Abends im Advent auf die Fensterbank gelegt wird. Wenn er am nächsten Morgen verschwunden ist, ist die Verbindung zur Welt des Unsichtbaren, der Engel und Luftwesen hergestellt. Es gibt das Christkind doch, allem wachsenden Realismus zum Trotz. Viele Kinder schicken ihre Wunschzettel auf dem Postweg an himmlische Adressen: nach Himmelstadt, Engelkirchen oder Himmelpforten. Diese Postämter gibt es wirklich, und die Kinder erhalten von dort eine vorgefertigte Antwort mit Briefmarke und Sonderstempel. Spitzenreiter der Wunschzettelweihnachtspost ist der Ort Christkindl in Österreich, der schon 2,5 Millionen Briefe gezählt hat. Kinder schreiben Wunschzettel, weil sie hoffen, dass ihre Wünsche auch wirklich an der richtigen Stelle ankommen und gelesen werden. Aber nicht nur materielle Wünsche können auf den Weg gebracht werden.

Vom Wünschen

Ich wünsche mir
zwei, drei und vier,
einen Flieger aus Papier,
auf dem Himmelsweg zu dir.

Ich wünsche mir
zwei, drei und vier,
eine Wanne voll mit Träumen
zum Bespritzen und Beschäumen.

Ich wünsche mir
zwei, drei und vier
eine Tüte Mut,
die tut so gut.

Ich wünsche mir
zwei, drei und vier,
einen Fingerhut voll Liebe
gegen Gute-Laune-Diebe.

Ich wünsche mir
zwei, drei und vier,
einen Eimer Glück,
den trink ich aus
in einem Stück.

Regina Bestle-Körfer

Wunschkissen

Sich auf ein zauberhaft geschmücktes Wunschkissen setzen und etwas wünschen zu dürfen, ist sicher für alle Kinder etwas Besonderes. An jedem Tag ist ein anderes Kind an der Reihe. Es setzt sich auf ein vorbereitetes, besonders schön besticktes oder mit rotem Samt bezogenes Kissen und schließt die Augen, zählt leise bis zehn und darf einen Wunsch äußern: Es darf sich ein Lied, ein Kreisspiel oder eine Geschichte wünschen, und alle Kinder helfen bei der Erfüllung des Wunsches.

Wunschbaum

In Zeiten, als das Wünschen noch half, gab es Wunschbäume, die Zauberkraft besaßen. Wir können einen Wunschbaum mit unseren gebastelten Wünschen behängen. Als Wunschbaum nehmen wir den Zweig einer Korkenzieherweide oder ein paar Tannenzweige, die in eine große Vase gestellt werden. Dann überlegen wir mit den Kindern, was uns alles glücklich und froh macht, was wir zum Leben brauchen: Sonnenschein, Schneeflocken, Äpfel, Brot, Tiere, Kleidung, Freunde, Blumen, Bäume usw. Diese Dinge basteln wir in kleinem Maßstab aus Papier und allen verfügbaren Naturmaterialien und hängen sie an den Wunschbaum.

Ein Sack voll guter Wünsche

Der Nikolaus trägt in seinem Sack so allerhand: Verborgenes, Geheimnisvolles, Überraschendes, Gewünschtes, Vergessenes ... Auf Kinder übt dieser Sack, zugebunden bis oben hin, eine magische Anziehungskraft aus. Wie gerne möchte ein jeder darin stöbern, wühlen, suchen und finden, fühlen, tasten und staunen:

Ein geheimnisvoller Sack

Was mag wohl in dem Sacke sein?
Ein Walfisch aus dem tiefen Meer
oder eine blaue Heidelbeer?
Ein kunterbunter Gockelhahn
oder eine Spielzeugeisenbahn?
Rosa Schweine aus Marzipan
oder ein hölzerner Ruderkahn?
Viele weiche Kuscheldecken
oder süße Rosinenschnecken?
Tiefgekühlte Eiskristalle
oder eine Mausefalle?
Der Sack ist riesengroß und schwer,
wir tragen eine Leiter her.
Nur noch dieser Faden hier
etwas Geduld, dann wissen wir
was in dem Sacke steckt,
der unsre Neugier hat geweckt.
Ein Blinzeln, ein Schnuppern,
endlich geschafft. Juchhei!
Ein riesengroßes Dideldei!
Regina Bestle-Körfer

Nikolaustastspiel

Die Kinder sitzen um einen Sack herum, der fest zugebunden ist. Durch Tasten und Fühlen versuchen sie nacheinander zu erraten, welches Dideldei im Sack versteckt ist. Wir können den Sack auch öffnen, die Hand hineinstecken und ohne hineinzusehen mit den Fingern tasten. Jedes Kind darf einmal etwas im Sack verstecken.

Leise Glockenklänge
Wohltönendes Erz

Kling, Glöckchen …

Wenn das Glöckchen am Weihnachtsbaum bimmelt, ist die Zeit des langen Wartens vorbei und die Tür zum Weihnachtszimmer öffnet sich. Die Kinder treten ein in ihre Weihnachtszauberwelt, auf die sie 24 lange Tage und Nächte gewartet haben. Glockenklänge und Weihnachtslieder schweben durch die Lüfte und erzählen von einer heilen Welt, die alle Menschen in der Heiligen Nacht ersehnen.

Weihnachtsglöckchen

Wir spielen für die Kinder ein weihnachtliches Fingerglöckchenspiel. Dazu haben wir an jeden Finger eines Fingerhandschuhs ein Glöckchen genäht. Zuerst erscheinen der Daumen, dann der Zeige-, Mittel- und Ringfinger und zum Schluss der kleine Finger. Dazu sprechen wir folgende Verse und lassen die Glöckchen nacheinander klingen.

Am Himmel leuchtet der Weihnachtsstern,
die Kirchturmglocke läutet von fern.

Der Lichterbaum ist schon geschmückt,
das Weihnachtsglöckchen bimmelt beglückt.

Ein leises Klingen, bimmelim,
ein Engel singt mit schöner Stimm.

Die Kinder Weihnachtslieder singen,
süß die Glöckchen hell erklingen.

So schön klingts nur zur Weihnachtsnacht,
wenn auch das kleinste Glöckchen lacht.

Glocken

China wird als Ursprungsland der Glocke vermutet; sie war schon vor etwa 4000 Jahren im fernen Asien bekannt. Kaiser und Fürsten ließen sich vom Läuten einer Glocke wecken und ihr Geläut leitete Gebete und andere kultische Handlungen ein. Die Klänge der Glocke galten als Bindeglied zwischen Himmel und Erde, sie sollten die Götter besänftigen und die bösen Geister bannen.
Auch bei uns läuten noch heute Glocken zu verschiedenen Anlässen wie Jahreswechsel, Hochzeit, Gottesdienst, Trauerfeier usw. Früher läuteten Glocken auch zur Sturm- und Unwetterwarnung, bei Feuer und feindlichen Übergriffen auf mittelalterliche Burgen.

Bimmelt was die Straß' entlang
Volksweise

1. Bim-melt was die Straß' ent-lang, kling und klang und kling und klang, hält ein Schlit-ten vor dem Tor, und ein Schim-mel schnauft da-vor.

Glockenspiele

Schellen und Glöckchen faszinieren alle Kinder und regen sie zum Spielen und Experimentieren an. Gemeinsam entlocken wir Glöckchen verschiedener Größe und aus unterschiedlichem Material ihr wohltönendes Geheimnis.

 Glocken klingen und schwingen. Wir können ihren Klang nicht nur mit den Ohren hören, sondern die Vibration des kühlen Metalls spüren, wenn wir eine klingende Glocke berühren. Die Kinder erleben, wie sich die Vibration der Glocke an ihren Händen, an den nackten Füßen, auf der Wange usw. anfühlt. Wie klingen und schwingen große und kleine Glocken? Wie fühlen sie sich an auf der Haut?

 Wir legen viele unterschiedlich große Glöckchen in ein Schwungtuch und lauschen auf die Glöckchenmelodie beim Auf- und Abschwingen, beim Rütteln und Schütteln des Schwungtuches. Können wir durch ein abgestimmtes Schwingen und Schütteln des Schwungtuches auch ein Lied spielen, z. B. Kling, Glöckchen klingelingeling?

 Glocken klingen, je nach Größe und Material, hell oder dunkel in ihrem Ton. Die Kinder experimentieren und sortieren verschiedene Glocken auf einer Treppe im Haus oder auf einer Haushaltsleiter. Das Glöckchen mit dem hellsten Klang steht auf der obersten, die Glocke mit der tiefsten „Stimme" steht auf der untersten Stufe unserer Glockentreppe.

 Jedes Kind fädelt mehrere Glöckchen auf einen Wollfaden auf. Jedes Glöckchen fixieren wir mit einem Knoten und wickeln die Glöckchenkette um einen Kochlöffel. Mit vielen solcher bimmelnder Schellenbäumchen wandern wir singend durch das Haus. Das Kind vorne ist der Dirigent, es gibt das Einsatzkommando und darf ein Lied auswählen. Jeder möchte sicher einmal Dirigent in unserem Musikzug sein.

 Wir hängen verschiedene Glocken an einem windigen Tag in einen Baum und lauschen der Melodie, die der Wind uns vorspielt. Welches Winterlied spielen unsere Glocken?

Zeit der Gerüche
Honigkerzen und Zitrusduft

Der Duft von Behaglichkeit

An einem kalten Wintertag ins Warme zurückzukehren und vom Geruch von Tannengrün, Mandarinen, Zimt, Bratäpfeln oder frisch gebackenen Plätzchen empfangen zu werden, weckt in uns Erinnerungen. Geruch und Gefühl sind eins. Wenn uns ein Duft berührt und anspricht, sind dafür oft die flüchtigen ätherischen Öle von Kräutern, Blüten, Gewürzen, Früchten oder Hölzern verantwortlich. Gerüche begleiten uns durch die stillste Zeit des Jahres, sie schenken uns Freude, Entspannung, Harmonie und Frieden. Sie sind sogar in der Lage, unsere Stimmung aufzuhellen in einer Zeit, in der es draußen oft so grau und ungemütlich ist.

Wie Düfte wirken

Auf den Riechschleimhäuten in unserer Nase sitzen ca. 10 Millionen Nervenzellen, die eine große Menge von Riechinformationen aufnehmen können. Die feinen Härchen auf den Nervenzellen enthalten Rezeptoren, die so gebaut sind, dass die einzelnen Bestandteile der Duftstoffe wie ein Schlüssel dazu passen. Diese Rezeptoren sind direkt mit dem »limbischen System« verbunden, einer Schaltzentrale im Gehirn, die unser vegetatives Nervensystem und unsere Gefühlsregungen steuert. Je nach Duftreiz werden hier Stoffe frei, die unsere Gefühlslage beeinflussen oder unterstützend bei körperlichen Beschwerden wirken können.

Düfte sammeln

Draußen sammeln wir Wohlriechendes aus der Natur und tragen es in die warme Stube: Tannenzweige, Zweige von Wacholder und Lebensbaum, harzige Zapfen, Rindenstücke, Moos. Wir schnuppern an ihnen und versuchen, uns ihren Duft einzuprägen. Nadeln von immergrünen Gewächsen duften intensiver, wenn wir sie ein wenig zwischen den Fingern reiben. Wir schließen die Augen und versuchen, unsere Fundstücke am Geruch wiederzuerkennen. Wer hat die feinste Nase?

Entspannendes Fußbad

Ein gemeinsames Fußbad mit einem gut riechenden Fichtennadelöl oder einer sprudelnden Fichtennadelbadetablette kann herrlich entspannend und beruhigend sein. Wenn die Kinder dann noch einer schönen Geschichte lauschen können, steht dem Kinderglück nichts mehr im Weg.

Apfelsinen-Duft-Massage

Im leuchtenden Orange der Apfelsinen ist das Licht und die Süße des Sommers gespeichert. An kalten, grauen Tagen erinnern wir uns gerne an Licht und Wärme und holen es uns nach drinnen. Die Farbe Orange fördert gemäß der Farbtheorie die gute Laune, der angenehm süße Duft einer Apfelsine kann unsere Sinne aufheitern.

Ehe wir mit einer entspannenden Massage beginnen, schaffen wir mit einer Duftlampe mit einigen Tropfen Orangenöl und einer dicken, brennenden Kerze eine schöne Raumatmosphäre.

- Wir setzen uns im Kreis um eine Schale voll praller, runder, am besten unbehandelter Apfelsinen. Wir nehmen eine Apfelsine in die Hand, betrachten ihr leuchtendes Orange, streichen über ihre Schale, fühlen die kleinen Unebenheiten und schnuppern an ihr.
- Dann lassen wir sie langsam von einer Hand in die andere plumpsen.
- Wir rollen die Apfelsine mit den Händen auf dem Boden einmal rings um uns herum.
- Dann strecken wir die Beine aus und rollen die Apfelsine mit der Hand auf und ab oder in kreisenden Bewegungen über unsere Beine. Auch unsere Arme können wir auf diese Weise massieren.
- Wir legen uns auf den Bauch und lassen uns von einem anderen Kind mit der Apfelsine massieren. Die Apfelsine wird sanft über den ganzen Körper gerollt. Anschließend werden die Rollen getauscht.
- Zum Schluss schälen wir die Apfelsinen und essen sie gemeinsam auf.

Winterliche Duftbeutelchen

Aus Seide oder dünnem Baumwollstoff schneiden wir Quadrate mit einer Seitenlänge von ca. 10 cm. Mit Wattestäbchen tupfen wir unsere Lieblingsfarben auf den Stoff; wir verzieren ihn ganz bunt oder nur mit einer einzelnen Farbe in unterschiedlicher Intensität, wer mag, auch ein wenig mit Gold. Ist die Farbe getrocknet, legen wir einen kleinen Bausch Märchenwolle auf den Stoff und geben ein paar Tropfen Winter-Duftöl darauf, z. B. Mandarine, Citronella, Orange, Fichtennadel, Zimt oder Latschenkiefer; die persönliche Vorliebe der Kinder entscheidet. Zum Beduften bitte nur 100 % naturreine Duftöle verwenden! Dann binden wir mit einem Stück Goldkordel oder einem schönen, schmalen Schleifenband den Stoff zu einem Beutelchen zusammen. Dieses Beutelchen können wir auf unser Kopfkissen legen, verschenken oder bei uns tragen. Es kann aber auch Tannenzweige oder den Christbaum schmücken.

Wer erschnuppert den Schatz?

Die drei Weisen aus dem Morgenland brachten in reich verzierten Schatzkästchen köstliche Düfte an die Krippe. Wir setzen uns in einen Kreis. Jedes Kind hält in der Hand ein kleines, selbst gebasteltes Kästchen. Drei Kinder sind die Könige. In ihrem Kästchen wird ein Stück Watte versteckt, das mit einigen Tropfen Duftöl beträufelt ist. Ein Kind hat zuvor den Raum verlassen und muss nun durch Schnuppern herausfinden, in welchen Kästchen die duftende Watte verborgen ist.

6 Element Wasser

Winterliche Eiszeit

Das Element Wasser prägt die Winterzeit: Die Feuchtigkeit der Luft kann sich nicht nur in Schnee, Nebel oder Tau verwandeln, sondern auch in einmalig schöne Eiskristalle. Bei Temperaturen um und unter dem Gefrierpunkt frieren winzige Wassertröpfchen zu Kristallen und bilden an Bäumen, Sträuchern, Blättern, Grashalmen und Zäunen einen zauberhaften knisternden und knackenden Überzug. Im Wintersonnenlicht funkeln die Kristallgebilde wie Diamanten und Edelsteine. Setzt sich die in der Luft enthaltene Feuchtigkeit an eiskalten Scheiben fest, entstehen bizarre Eisblumen in den unterschiedlichsten Formen.

Zauberkünstler Raureif

Wir ziehen uns warm an und machen uns auf einen Spaziergang durch eine verzauberte Welt. Wir schauen nach, wo der Raureif seine Spuren hinterlassen hat, bestaunen Muster und Formen, streichen sachte mit den Fingerspitzen über sie und erfahren ihre vergängliche Schönheit, wenn wir z. B. bereifte Blätter in unsere warmen Hände nehmen. Wir sammeln vom Raureif verzauberte Gegenstände in einer kühlen Schale und arrangieren sie draußen auf einem Bett aus Tannenzweigen. Wie lange wird es dauern, bis die Sonne oder mildere Temperaturen die Raureif-Kristalle zum Schmelzen bringen?

Eisblumen

Wir betrachten mit bloßem Auge oder mit einer Lupe Eisblumen, die sich auf kalten Scheiben gebildet haben. Welche Formen können wir erkennen? Auf kalten Glas- oder Spiegelscheiben können wir selbst Eisblumen entstehen lassen; dazu legen wir die Scheiben auf kleine Äste, besprühen sie mit einem Wasserfilm aus der Blumenspritze und lassen sie gefrieren.

Eissucher

Wir halten Ausschau nach gefrorenen Wasserpfützen, Rinnsalen oder kleinen flachen Bächen und Tümpeln. Die Eisschichten brechen wir mit Stöcken auf, zerschlagen die Eisschollen in kleinere Stücke und betrachten sie. Wie sind sie geformt? Wie dick ist das Eis? Welche Farben können wir entdecken? Sind vielleicht Luftblasen oder Laub im Eis eingefroren?

Spielereien mit Eis

 Eispuzzle: In Stücke zerbrochenes Eis legen wir auf Rasen oder Asphalt zu einem Puzzle zusammen. Mit Wasser aus der Blumenspritze lassen sich die einzelnen Teile miteinander verbinden. Wir schmücken unser Puzzle mit Naturmaterialien, z. B. Moos, Blätter, Stöckchen und beobachten, wie es sich je nach Wetterlage verändert. Wir können auch Skulpturen herstellen, indem wir Eisstücke aufeinander stapeln, mit Wasser „zusammenkleben" und ebenfalls mit Naturmaterialien dekorieren.

 Eisrutsche: Gesammelte Eisstücke oder Eiswürfel aus dem Gefrierfach lassen wir von der Rutschbahn oder einem kurzen Stück Regenrinne in eine Metallschüssel gleiten. Was hören wir? Verändern sich die Töne je nach Dicke des Eises? Welche Melodie können wir dem Eis entlocken?

 Eisscholle: In einem flachen Gefäß mit kaltem Wasser lassen wir eine dicke Eisscholle schwimmen. Reihum legen nun alle Mitspieler kleine Steinchen auf die Eisscholle. Sinkt die Eisscholle, muss der Mitspieler, der den Untergang verursacht hat, alle Steinchen zu sich nehmen. Wer schafft es zuerst, alle Steinchen loszuwerden?

 Eisflitschen: Eisstücke oder Eiswürfel versehen wir mit einer farbigen Markierung. Dazu lassen wir farbiges Wasser gefrieren oder wir legen bunte Papierschnipsel mit in die Eiswürfelförmchen. So erhalten wir verschieden farbige eisige Spielsteine. Auf den Boden zeichnen wir mit Kreide eine Start- und eine Ziellinie und flitschen die Eisstücke mit der Hand oder mit einem Stock übers Spielfeld. Welches Stück rutscht am weitesten? Welche Mannschaft schafft es, die meisten Eisstücke über die Ziellinie zu flitschen?

Eisschätze

Wir füllen verschiedene kleine, flache Gefäße oder Sandförmchen mit Wasser und lassen es draußen gefrieren. Ins Wasser legen wir Blätter, Rindenstücke, Moos oder Stöckchen und ein Bändchen, das über den Rand hinausragt. Auch andere kleine Schätze, z. B. kleines Spielzeug, können wir einfrieren. Ist das Eis hart genug, lösen wir es aus der Form. Wir können ihn verschenken oder mit den eingefrorenen Schätzen einen Winterstrauch im Garten schmücken.

Bunte Eissplitter

Auf große Stücke stabiler Plastik- oder Malerfolie, die wir im Freien ausbreiten, gießen wir Wasser, das wir mit Lebensmittel- oder Wasserfarben einfärben. Durch den Frost entstehen bald verschiedene farbige Eisplatten, die wir in Stücke zerbrechen, um dann bunte Eismuster, Ornamente oder Silhouetten von Menschen oder Tieren zu legen. Wie bei den Eisschätzen erwähnt, können wir auch mit bunten Eiskristallen Bäume oder Sträucher schmücken oder sie als Klangschnüre im Winterwind klimpern lassen.

Väterchen Frost und die verzauberte Eisprinzessin

In der eisigen Weite des schneebedeckten Landes Neiribis lebte Väterchen Frost. Er war ein alter Mann; seine leuchtenden Augen waren umgeben von vielen kleinen Fältchen und sein weißes Haar schimmerte wie frisch gefallener Schnee im Sonnenlicht. Schon lange lebte er in der Einsamkeit seiner frostigen Welt in einer kleinen Eishütte. Nur sein treuer Gefährte, ein Rentier mit zottelig braunem Fell, leistete ihm schon seit vielen Jahren Gesellschaft. Ohne zu bocken, ließ es sich noch immer vor den Schlitten spannen, während Väterchen Frost es zärtlich zwischen den Hörnern kraulte. Jeden Tag glitt der Schlitten mit Väterchen Frost über den Schnee. Er rauschte vorbei an dick zugefrorenen Seen und von Eis und Schnee bedeckten Hügeln. Er fuhr durch einsame Wälder und endlose Weiten, in denen es nur vereinzelt ein paar Tiere gab. Väterchen Frost genoss jeden Tag aufs Neue die eisige Luft und die friedliche Stille seiner weißen Welt. In einer Dezembernacht fing es heftig an zu schneien und fünf Tage und Nächte schneite es ohne Unterbrechung. Jedes Mal, wenn Väterchen Frost aus dem Fenster schaute, schien das Schneegestöber noch wilder zu sein und die Schneeflocken schienen noch ausgelassener zu tanzen. Doch endlich, am sechsten Tag, ging über Neiribis die Wintersonne auf, die die endlosen Weiten in ihr strahlendes Licht tauchte und den Schnee wie Edelsteine funkeln ließ.

Eisig kalt war es, so richtig nach dem Geschmack von Väterchen Frost! Und allerhöchste Zeit, den Schlitten anzuspannen und draußen umherzufahren. Bei seiner fröhlichen Fahrt vernahm Väterchen Frost plötzlich ein klägliches Rufen, erst schwach, doch dann immer stärker. Auch sein Rentier schüttelte unruhig den Kopf und schnaubte aufgeregt. Am Rande einer kleinen Hügelkette ließ Väterchen Frost den Schlitten anhalten. Er kletterte herunter und stapfte durch den hohen Schnee auf eine vom Schnee verwehte Höhle zu, die früher einmal einem Polarfuchs als Versteck gedient hatte. Dort wurde das Rufen und Wimmern immer lauter. Eilig grub Väterchen Frost mit einem kleinen Spaten, den er immer bei sich hatte, eine kleine Öffnung in den Schnee und schaute in die Höhle. Dort stand eine kleine bucklige Gestalt. Sie zitterte am ganzen Körper. Dicke Tränen rollten über ihre Wangen und tropften in den Schnee. »Hab keine Angst!«, sagte Väterchen Frost. »Ich bin Väterchen Frost und wache über die eisigen Weiten von Neiribis. Doch wer bist du und wie kommst du hierher, wo noch nie ein Mensch gewesen ist?« Zögernd und mit ängstlicher Stimme sagte das Wesen: »Ich bin Kristallina, eine verzauberte Eisprinzessin. Der Nordwind hat mich vor langer Zeit mit seinen großen Händen geraubt und in ein hässliches Wesen verwandelt. Er konnte meine eisig glänzende und funkelnde Schönheit nicht ertragen, wenn er im Sturmgebraus über Schnee und Eis fegte. Er hält mich hier in der tiefsten und abgelegensten Höhle versteckt und wacht streng darüber, dass ich nie wieder die klare Schönheit eines eisigen Tages erblicke. Doch heute Nacht musste er die vielen Schneewolken weit nach Süden pusten und bis

jetzt ist er noch nicht zurückgekehrt.« »Komm!«, sagte Väterchen Frost. »Steig in meinen Schlitten, ich bringe dich in meine Eishütte.« Vorsichtig zwängte sich die kleine Gestalt durch die Öffnung ins Freie und stand dort wie geblendet. Sie sah den strahlend blauen Himmel; sie spürte, wie die eisige Kälte durch ihren Körper kroch und wandte ihr Gesicht der leuchtenden Wintersonne zu. Und plötzlich, wie von Zauberhand, reckte und streckte sich die kleine bucklige Gestalt. Sie wuchs in die Höhe, ihr Gesicht verwandelte sich in einen riesigen, funkelnden Eiskristall. Blaue Augen strahlten aus dem Gesicht und ihr Haar knisterte und leuchtete voller Raureif. Sie trug ein Kleid aus Eis und Schnee, in dem die kleinen Kristalle wie Diamanten im Sonnenlicht funkelten. Doch am schönsten war das Geräusch, das bei jeder ihrer Bewegungen zu hören war: ein feines Klingen und Tönen, wenn die Eiskristalle aneinander schlugen. Kristallina begann zu tanzen und zu hüpfen, sie drehte sich im Kreis bis ihr schwindelig wurde und sie lachend und erschöpft in den Schnee sank. Auch Väterchen Frost lachte, und selbst das Rentier wackelte mit seinem Geweih und scharrte vor Begeisterung mit den Hufen. Gemeinsam glitten sie mit dem Schlitten durch die eisige Weite, bis sie bei der Eishütte angelangt waren, in der Väterchen Frost wohnte. Als Kristallina über die Schwelle des Hauses trat, verwandelte sich die einfache Hütte in einen prächtigen Palast aus Eis und Schnee. Seit diesem Tag wachen Kristallina und Väterchen Frost gemeinsam über die eisigen Weiten des schneebedeckten Landes Neiribis und dem Nordwind ist es nie wieder gelungen, Kristallina zu rauben.

Annemarie Stollenwerk

Väterchen Frost und die Eisprinzessin basteln

Wir suchen nach geeigneten Stöcken für den Körper, z. B. Äste mit zwei Seitenarmen, und bemalen sie weiß. Aus transparenten Stoffresten schneidern wir ein Kleid, legen es um den bemalten Ast und binden es mit Bändern fest. Das Gesicht kann ein Stück weiß bemalte Baumrinde sein. Für die Haare legen wir weiße Wollreste in Wasser, drücken sie aus und lassen sie gefrieren. An den Armen befestigen wir mit dünnen Bändern Eiswürfel oder Eisstücke, die im Wind frostig klimpern.

Es schneit!

Eine Decke für die Erde

Die weiße Pracht

Jedes Jahr im Winter gibt es die besonders grauen Tage, mit ihren schweren, tief hängenden Wolken, an denen manche Menschen den Schnee schon riechen können, bevor die erste Schneeflocke vom Himmel gefallen ist. Wenn es dann endlich schneit und wenn es kalt genug ist, dass die Erde eine Schneedecke erhält, beginnt die weiße Winterwelt alles zu verändern. Eine Stadt im Schnee wird ruhiger. Ein friedlicher, pudriger Schleier legt sich auf Häuser, Straßen und Bäume. Alles wirkt heller und freundlicher. Der Tanz der Schneeflocken lockt auch die größten Stubenhocker nach draußen, macht gute Laune und Lust auf Bewegung im Schnee.

Schneeworte

Die Eskimos in Grönland kennen viele verschiedene Worte für Schnee. Jedes Wort sagt etwas anderes über die Beschaffenheit des Schnees aus. So gibt es jeweils ein eigenes Wort für fallenden Schnee, Schnee, der in großen, fast schwerelosen Kristallen die Erde bedeckt, Schnee, der zu weich ist, um ein Schneehaus daraus zu bauen, hart gepressten, feinkörnigen Schnee, der sich zum Iglubau bestens eignet usw. Auch Kinder können Schnee untersuchen und trocken-leichten Pulverschnee von feucht-schwerem Pappschnee unterscheiden.

- Wir beobachten und befühlen den Schnee, der aus den Wolken fällt: Wie hart sind unsere Schneebälle, mit denen wir uns gegenseitig bewerfen? Ist der Schnee sehr nass oder bleibt unsere Kleidung trocken, wenn wir uns bewerfen?
- Wir erfinden Schneeworte bzw. Vergleiche für den Schnee: Heute ist der Schnee so locker und weiß wie Puderzucker. Oder: Heute ist der Schnee so glitzerig wie viele tausend Edelsteine.

Schneeschmelze

Wir füllen eine Tasse randvoll mit Pulverschnee und lassen sie im warmen Zimmer schmelzen. Wie viel Wasser bildet sich aus dem Schnee der ganzen Tasse? Wie sieht das Wasser aus? Die Kinder werden stau-

nen, dass aus dem weißen Schnee durchsichtiges Wasser geworden ist. Sie können sehen, wie viele Schmutzteilchen im Wasser sind, die sie im Schnee nicht erkennen konnten. Sie werden sich fragen, warum die Tasse nicht bis oben mit Wasser gefüllt ist. Wir erzählen den Kindern von den unsichtbaren Luftpolstern, die in unserer Tasse mit dem Schnee vermischt sind. Pulverschnee hat besonders viele Luftpolster.

Eingeschneit

Der Feldhase lässt sich gerne einschneien, denn die weiße Schneeschicht verbirgt ihn vor seinen Feinden. Aber der Schnee schützt ihn auch vor eisigen Winden. So findet der Feldhase unter dem Schnee einen Wärmeschutz, den auch die Pflanzen in der Erde, die unter der Schneedecke ruhig schlafen, zu schätzen wissen. Wir können ein kleines Experiment machen und dabei erfassen, dass Schnee isoliert und eine Schneeschicht auch wärmen kann. Wenn es geschneit hat und friert, stellen wir zwei mit Wasser gefüllte Gläser ins Freie – eines davon bleibt ungeschützt, das andere stellen wir geschützt in eine kleine Schneehöhle. Was passiert? Auf dem Wasser des ungeschützten Glases bildet sich eine Eisschicht. Wenn das ganze Wasser zu Eis gefriert, kann es das Glas sprengen, denn Eis hat ein größeres Volumen als Wasser. Das geschützte Wasserglas in unserer Schneehöhle hingegen ist eisfrei.

Schon gewusst? Bei einer Lufttemperatur von -17 Grad Celsius bewegt sich die Temperatur unter einem halben Meter Schnee noch um den Gefrierpunkt.

Schneekristalle

Aus weißem Schreibpapier schneiden wir Kreise von ca. 10 cm Durchmesser. Jeden Kreis falten wir zum Halbkreis und diesen in drei gleiche Teile. Auf die Oberseite zeichnen wir ein Schneekristallmuster. Damit aus dem Papier ein Schneekristall entsteht und nicht ein „Deckchen", muss möglichst viel Papier weggeschnitten werden. Wir falten unser Schnittmuster vorsichtig auseinander und halten einen feinen Schneekristall in Händen, mit dem wir im Winter unser Fenster schmücken können.

Weiße Spielereien
Bastelideen für drinnen

Eine Winterfarbe

Mit der Farbe weiß verbinden wir Licht und Helligkeit, aber auch Einsamkeit und Weite, wenn wir an die unendlichen Schnee- und Eisflächen des Polarkreises oder der Gletscherregionen in den Bergen denken. Weiß ist physikalisch gesehen die farblose Summe der Spektralfarben des Lichtes. Die weiße Weite einer Schneelandschaft macht sanft und still. Leise, unaufdringlich und mild schafft Weiß Raum für Kontraste und für die vielen anderen Farben, die der Winter uns bietet.

Ein Iglu für drinnen

Wenn Schneemenge und Temperaturen nicht ausreichen, um im Freien ein Iglu zu bauen, können wir auch drinnen eines zum Spielen, Ausruhen und Träumen entstehen lassen. Styroporstücke, die wir auf den Boden legen, dienen als eine Art Fundament, in das wir Hasendrahtbahnen stecken, die wir zu einem Rund formen. Auch die Kuppel des Iglus formen wir aus Hasendraht und verbinden sie mit den Seiten. Mit einer Drahtschere schneiden wir eine Öffnung in den Hasendraht, sie ist später unser Eingang. Die scharfen Kanten des Drahts biegen wir zurück. Mit Kleister und weißen Seiden- oder Transparentpapierbögen bekleben wir das Drahtgestell gleichmäßig. Das wird eine Weile dauern, denn 5 bis 6 Lagen Papier sollten es außen schon sein, damit das Iglu auch stabil genug wird. Innen reichen 1 bis 2 Lagen Papier, die den Hasendraht verdecken.

Wenn alle Papierbahnen gut durchgetrocknet sind, können wir die Styroporstücke entfernen und das Iglu evtl. mit weißer Temperafarbe bemalen. Im Innern des Iglus laden Fellstücke und weiche Decken zum Spielen und Entspannen ein. Und wenn wir dann dort liegen, schimmert durch das weiße Papier sanft und still das Tageslicht.

Eislichter

Schön geformte Marmeladengläser bekleben wir mit Schnipseln von weißem Seidenpapier oder weißer Strohseide. An den unteren Rand des Glases kleben wir einen schmalen Streifen weißer Wellpappe. In die Rillen der Wellpappe stecken wir in unregelmäßigen Abständen fünf bis sechs Schaschlikspieße, die in unterschiedlicher Länge über das Glas hinausragen sollen. Über die Spieße kleben wir noch eine Schicht Papier und lassen es zum Ende spitz und ein wenig zackig zulaufen. Auch am oberen Glasrand darf das Papier zackig überstehen. Auf die Schaschlikspieße stecken wir zum Schluss kleine, weiße Holzkugeln und kleben sie fest. In das Glas stellen wir ein Teelicht. Im Dunkeln leuchten die Eislichter wie schimmernde Kristalle.

Zauberbilder

Mit weißer Wachsmal- oder Jaxonkreide malen wir auf weiße Papierbögen Schnee- und Eiskristalle, eine winterliche Landschaft, einen Schneemann etc. Anschließend übermalen wir das Bild mit blauer oder grauer Wasser- oder Temperafarbe und staunen über die entstehenden Kunstwerke: Dort, wo wir mit weißer Kreide gemalt haben, kann die blaue oder graue Farbe nicht haften, weil sie von der Wachsschicht abgestoßen wird.

Verzauberte Tiere

Aus braunem Karton schneiden wir einen Bären aus und legen ihn auf ein weißes Blatt Papier. Mit dünnflüssiger Wasserfarbe, einer alten Zahnbürste und einem Sieb spritzen wir blaue oder graue Farbe über den Braunbären. Wenn wir den Bären vom Papier heben, ist – hokuspokus – aus unserem Braunbär ein Eisbär geworden! Aus einem Hasen können wir einen Schneehasen zaubern oder aus einem Fuchs einen Polarfuchs. Dazu können im folgenden Gedicht einfach die Tiere ausgetauscht werden: Ein Hase hoppelt dann durch den Wald und hat zum Schluss ein Schneehasenfell oder ein schlauer Fuchs schleicht durch den Wald und hat am Ende ein Polarfuchsfell.

Ein brauner Bär tappt durch den Wald,
der Wind, der Frost sind bitterkalt.
Vom Himmel fällt der erste Schnee,
ganz zart und weich, es tut nicht weh.
Und hokuspokus, blitzeschnell,
da hat der Bär ein Eisbärfell!

Annemarie Stollenwerk

Zugeschneit!

Mit Hilfe von Kleister und weißem Seidenpapier werden wir zu Verpackungskünstlern. Gegenstände aus der Natur lassen wir unter einer weißen Schneeschicht aus Papier verschwinden, z. B. Zapfen, Rindenstücke, Holzscheiben oder Aststücke, kleine Zweige, Steine. Nach dem Verpacken versuchen wir durch Betasten zu erraten, was da unter einer Schneeschicht verschwunden ist. Mit den »verschneiten« Gegenständen schmücken wir Tannenzweige oder wir hängen sie an eine grüne Tannengirlande.

Spuren im Schnee
Erkundungen in der Winterwelt

Fährten lesen

Auf einer geschlossenen Schneedecke lassen sich Spuren lesen wie spannende Geschichten. Spuren von Tieren im Schnee verraten, welchen Lebensraum sie bevorzugen und welche Wege zur Nahrungssuche sie im Winter gehen. Feldhasen halten sich gerne in der Nähe von Hecken auf, Rehwild bevorzugt Waldränder, und Dachse stromern gerne übers freie Feld. Mit geschultem Blick lässt sich an den Schneespuren ablesen, wie eilig es die Tiere hatten.

 Fuchsspuren sind leicht zu erkennen. Wie eine Perlenschnur reihen sich ihre Pfotenabdrücke in gleichmäßigem Abstand aneinander, wenn er es nicht eilig hatte. Er tritt dann mit den Hinterpfoten genau in die Abdrücke der Vorderpfoten hinein. Ist der Fuchs auf der Flucht, hinterlässt er nebeneinander liegende Pfotenabdrücke.

 Feldhasen bewegen sich oft in großen Zickzacklinien vorwärts. Um Verfolger zu verwirren und abzuschütteln, legen sie manchmal geschickt Blindspuren. Sie laufen dann auf ihrer eigenen Spur zurück, machen einen Satz zur Seite, um versetzt zur ersten Spur weiterzuspringen, dann wieder ein Stück zurückzulaufen usw. Nur ein geschulter Fährtensucher erkennt hier die Spur eines einzigen Hasen, auch wenn es wie das Ineinander vieler Hasenfährten aussieht.

 Die Trippelspur einer kleinen Spitzmaus verliert sich plötzlich im Schnee, wenn sie ein rettendes Loch in der Erde gefunden hat.

Im Wald oder auf dem Feld gehen wir auf Spurensuche und auf einer noch unberührten Schneedecke machen wir es den Tieren nach: Wir tippeln klitzekleine Schrittchen auf Zehenspitzen wie die Haselmaus oder wir springen Zickzackspuren wie die Feldhasen oder wir gehen eine schnurgerade Spur, wie es die Füchse machen, wenn sie durch den Schnee spazieren gehen.

Spurensuche

In einem frisch beschneiten Garten spielen wir im unberührten Weiß ein Suchspiel. Ein Kind sucht sich im Garten ein Versteck. Es kann die Spurensucher verwirren, indem es ein paar Schritte rückwärts in den eigenen Spuren geht, um dann eine andere Spur anzulegen. So legt es mehrere falsche Fährten. Die Spurensucher lassen wie beim Versteckspielen etwas Zeit verstreichen, bevor sie versuchen, das Versteck des Kindes anhand der Fußspur aufzuspüren.

Fuchsjagd

Zwei Mannschaften wählen jeweils einen Fuchs aus, der von der gegnerischen Mannschaft gefunden werden muss. Beide Füchse ziehen unbeobachtet zusammen los, trennen sich kurz und versuchen, ihre Spuren auch wieder zu durchkreuzen. Sie können nebeneinander laufen oder hintereinander gehen und eine gemeinsame Spur anlegen. Sie verstecken sich in getrennten Verstecken und warten auf ihre Verfolger. Die Verfolger müssen mit Hilfe der unterschiedlichen Sohlenabdrücke den Fuchs der gegnerischen Mannschaft ausfindig machen.

Wer findet den Schneehasen?

Ein weißer Schneehase oder ein anderes weißes Kuscheltier wird im verschneiten Garten versteckt. Wer das Tier anhand der Kinderspur zuerst findet, darf es als Nächstes im Schnee verstecken.

Spuren in den Schnee gemalt

- Im frisch gefallenen Schnee machen wir den Abdruck von einem Schnee-Engel, indem wir uns mit geschlossenen Beinen auf den Po fallen lassen, uns auf den Rücken legen, die Arme ausbreiten und diese wie Flügel auf und ab bewegen.
- Wir können unseren Schnee-Engel mit Naturmaterialien wie Steinchen, Zapfen, Zweigen usw. belegen oder mit geriebener Straßenmalkreide in verschiedenen Farben berieseln. Unser Schneebild kommt auf seinem weißen Hintergrund besonders gut zur Geltung. Wir können uns noch viele Bildmotive ausdenken, sie mit Stöcken in den Schnee malen oder mit den Füßen stampfen und wie den Schnee-Engel auf verschiedene Arten ausgestalten.
- Die Kinder können auch spannende Fußspuren im Schnee hinterlassen, indem sie die Sohlen ihrer Gummistiefel mit Fingerfarbe einpinseln und bunte Spuren im Schnee laufen und stampfen. So können kunterbunte Muster, Spiralen, Kreise, Vierecke usw. entstehen. Vielleicht springen die Kinder mit ihren farbigen Stiefelsohlen auch eine gelbe Sonne in den weißen Schnee?

Spurenhüpfspiel

Für dieses Hüpfspiel brauchen wir als Spielfeld ein großes, weißes Bettlaken zum Bedrucken. Dann suchen wir in Naturbüchern nach Tierspuren, die auf dem Fotokopierer vergrößert werden können. Diese vergrößerten Vorlagen werden ausgeschnitten und auf Moosgummiplatten gelegt. Von jeder Tierspur schneiden wir je ein Paar Moosgummiumrisse aus, die mit doppelseitigem Klebeband auf dickeren Kork geklebt werden. Die Korkränder dürfen ruhig etwas überstehen, denn beim anschließenden Stempeln mit den unterschiedlich eingefärbten Moosgummispuren überträgt sich nur die eingefärbte Fläche auf das Bettlaken.

Jede Tierspur wird jetzt kreuz und quer auf das Bettlaken gestempelt, genau so, als ob ein Tier darüber gelaufen wäre. Es entstehen Überschneidungen und Kreuzungen, und das so entstandene Spurengewirr macht das anschließende Spiel erst richtig interessant. Jede Spur endet an einer anderen Stelle am Bettlakenrand.

Wenn alle Spuren getrocknet sind, ist das Spielfeld fertig. Am Spielfeldrand mündet jede Spur in ein kleines Schüsselchen mit Leckereien. Am Ende der Hasenspur steht beispielsweise ein Schüsselchen mit Möhren oder Kohlrabi, für die Eichhörnchen gibt es Nüsse, für die Vögel Sonnenblumenkerne usw. Die Kinder dürfen nun über das Spielfeld hüpfen wie ein Tier, sie verfolgen dabei eine Spur und freuen sich am Ende der Spur über eine kleine Leckerei.

Von kalten Gestalten

Schneemanngeschichten

Schneemann Max in Nöten

Mitten im verschneiten Garten steht Schneemann Max und macht ein trauriges Gesicht. Lena und Florian haben ihn heute Vormittag gebaut. Jetzt sitzen sie gemütlich im Haus, um sich aufzuwärmen, und Schneemann Max muss in der Kälte stehen und frieren. Max spürt, wie ihm ein kalter Schauer über den weißen Rücken läuft und wie es sich in seinem Inneren eiskalt anfühlt. Auch sein Schneemanngesicht ist schon ganz blass: „Ich werde mich erkälten", jammert Max still vor sich hin.
Lena und Florian stehen hinter der Fensterscheibe und schauen stolz auf ihren Schneemann Max. Florian sagt lachend: „Max ist der schönste Schneemann, den wir jemals gebaut haben." „Hat unser Schneemann gerade geniest?", fragt Lena erstaunt. „Ich habe gesehen, wie es ihn geschüttelt hat!" „Du spinnst, Lena", spottet Florian, „Schneemänner haben doch keinen Rotz in der Mohrrübennase." Lena macht sich Sorgen um Schneemann Max, er sieht irgendwie traurig und erkältet aus. Sie läuft in den Keller, holt Papas alte Strickjacke, in die die Wintermäuse schon Löcher geknabbert haben und geht in den Garten. Sie streichelt und tätschelt Max an Bauch und Kopf. Behutsam legt sie Max die Jacke über die Schultern und geht ein wenig besorgt ins Haus zurück.
Am Abendbrottisch fragt Lena: „Haben Schneemänner auch rotes Blut in den Adern?" Sie möchte gerne wissen, ob ein Schneemann innen drin aussieht wie ein Mensch. Florian findet Lenas Frage schön dumm und dann lacht er so gemein, dass er in sein Zimmer muss. In der Nacht fegt der Wind eiskalt ums Haus und Lena hört vom Garten her ein Röcheln und Husten. Sie springt aus ihrem Bett und ist sofort hellwach: „Max ist in Nöten und braucht dringend Hilfe." Sie nimmt ihren Arztkoffer aus dem Regal und ihren dicken Wollschal aus dem Kleiderschrank. Sie zieht ihren Schneeanzug an, und während ihre Familie längst schläft und träumt, kümmert sich Lena um Max. Sie öffnet die Terrassentür und stapft mit einer

Taschenlampe und mit ihrem Koffer durch den Schnee. Max schaut Lena mit dankbaren Augen an, als sie ihm den warmen Schal um den Hals wickelt. Dann steckt sie ihm das Fieberthermometer in den Mund. „Fieber hast du nicht, zum Glück", tröstet ihn Lena, „aber dein Husten hört sich nicht gut an!" Sie gibt Max einen Löffel Hustensaft, den Süßen, den sie selber so gerne mag. „Gute Besserung, lieber Max", flüstert Lena in sein Ohr. Dann geht sie ins Haus zurück und legt sich beruhigt wieder in ihr kuscheliges Bett. Der nächste Morgen ist ein schöner, heller aber bitterkalter Wintertag. Lena und Florian laufen in ihren Schlafanzügen zum Wohnzimmerfenster und schauen, was Max macht.

Sie reiben sich die Augen, weil sie nicht glauben, was ihre Augen da sehen. Max hat über Nacht Besuch bekommen. Er strahlt über beide Schneemannbacken, denn dicht an ihn gekuschelt steht da eine Schneefrau mit einem glänzenden Schneekleid und einer eisig glitzernden Schneekrone. Sie hat zärtlich den Arm um Max gelegt und hält ihn warm.
Was für ein Glück für Schneemann Max, der jetzt wirklich nicht mehr frieren muss, weil er Flöckchen, die Schneefrau, gefunden hat. Seit diesem Tag bauen Lena und Florian, wenn es wieder einmal geschneit hat, immer einen Schneemann und eine Schneefrau in ihrem Garten.

Regina Bestle-Körfer

Schneemann und Schneefrau

Text: Wolfgang Hering, Melodie: Bernd Meyerholz

1. Wir haben einen großen Schneemann uns gebaut, und hoffen, dass der Schnee nicht gleich schon wieder taut, und hoffen, dass der Schnee nicht gleich schon wieder taut.
2. Zwei Knöpfe sind die Augen, ein Mund damit er spricht und dann eine Karotte sitzt ihm mitten im Gesicht. und dann eine Karotte sitzt ihm mitten im Gesicht.
3. Natürlich einen Hut bekommt der Schneemann auch einen Besen in die Hand grad vor seinen dicken Bauch. einen Besen in die Hand grad vor seinen dicken Bauch.

4. Da steht er unser Schneemann ganz einsam und allein.
Er schaut mit seinen Augen wohl etwas traurig drein. (2x)
5. Wir bauen ihm eine Schneefrau, weil ihn das sicher freut.
Sie halten sich die Hände und steh'n nun da zu zweit. (2x)
6. Doch da kommt die Sonne heraus aus dem Versteck.
Und das schöne Liebespaar, das schmilzt ganz einfach weg. (2x)

Die Autorinnen

Annemarie Stollenwerk studierte Sozialpädagogik und war zunächst in der Heimerziehung und später im sozialen Brennpunkt tätig.
Seit zehn Jahren arbeitet sie als Autorin und Redakteurin.

Regina Bestle-Körfer studierte Sozialpädagogik und arbeitete in einer Frühförderstelle und danach in einer schulpsychologischen Beratungsstelle.
Seit zehn Jahren ist sie als Autorin und Redakteurin tätig.

© 2001 Christophorus-Verlag GmbH
Freiburg im Breisgau

Alle Rechte vorbehalten
Printed in Belgium

ISBN 3-419-52932-5

Jede gewerbliche Nutzung der Texte, Abbildungen und Illustrationen ist nur mit Genehmigung der Urheberinnen und des Verlages gestattet. Bei Anwendung im Unterricht und in Kursen ist auf dieses Buch hinzuweisen.

Lektorat: Martin Stiefenhofer

Illustrationen: Pia Eisenbarth

Fotos:
Juniors Bildarchiv: Seite 49
Ursula Markus: Seiten 5, 6
Ulrich Niehoff: Seiten 12, 34, 38, 60, 64
Marco Schneiders: Seite 22
Ulrike Schneiders: Seite 10
Toni Schneiders: Seiten 24, 26, 28, 46
Heidi Velten: Seite 54

Umschlaggestaltung: Network!, München
Layout & Satz: HellaDesign, Freiburg
Notensatz: Nikolaus Veeser, Schallstadt
Herstellung: Proost, Tournhout 2001

**Hier zeigen wir Ihnen eine Auswahl unserer beliebten und erfolgreichen Bücher –
und wir haben noch viele andere im Programm.
Wir informieren Sie gerne, fordern Sie einfach
unser Verlagsprogramm an:**

3-419-**52900**-7

3-419-**52916**-3

3-419-**53585**-6

3-419-**53432**-9

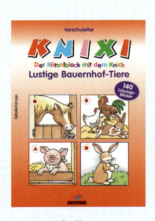

3-419-**53762**-X

3-419-**52928**-7

Bücher für ErzieherInnen, LehrerInnen und Eltern

Bücher für Eltern und Familie

Bücher für Kinder

Bücher für Ihre Hobbys

Wir sind für Sie da, wenn Sie Fragen haben. Und wir interessieren uns für Ihre eigenen Ideen und Anregungen. Faxen Sie, schreiben Sie oder rufen Sie uns an. Wir hören gerne von Ihnen.

Ihr Christophorus-Verlag

Hermann-Herder-Straße 4
79104 Freiburg im Breisgau
Telefon: 07 61 / 27 17–26 8
oder
Fax: 07 61 / 27 17–35 2